CB134401

REGULAÇÃO DEMOCRÁTICA DE CONTEÚDO DA COMUNICAÇÃO SOCIAL

Limites à atividade do agente regulador

CHARLES MENEZES BARROS

Prefácio
José Claudio Monteiro de Brito Filho

REGULAÇÃO DEMOCRÁTICA DE CONTEÚDO DA COMUNICAÇÃO SOCIAL

Limites à atividade do agente regulador

Belo Horizonte

FORUM
CONHECIMENTO JURÍDICO

2024

© 2024 Editora Fórum Ltda.

É proibida a reprodução total ou parcial desta obra, por qualquer meio eletrônico, inclusive por processos xerográficos, sem autorização expressa do Editor.

Conselho Editorial

Adilson Abreu Dallari
Alécia Paolucci Nogueira Bicalho
Alexandre Coutinho Pagliarini
André Ramos Tavares
Carlos Ayres Britto
Carlos Mário da Silva Velloso
Cármen Lúcia Antunes Rocha
Cesar Augusto Guimarães Pereira
Clovis Beznos
Cristiana Fortini
Dinorá Adelaide Musetti Grotti
Diogo de Figueiredo Moreira Neto (*in memoriam*)
Egon Bockmann Moreira
Emerson Gabardo
Fabrício Motta
Fernando Rossi
Flávio Henrique Unes Pereira
Floriano de Azevedo Marques Neto
Gustavo Justino de Oliveira
Inês Virgínia Prado Soares
Jorge Ulisses Jacoby Fernandes
Juarez Freitas
Luciano Ferraz
Lúcio Delfino
Marcia Carla Pereira Ribeiro
Márcio Cammarosano
Marcos Ehrhardt Jr.
Maria Sylvia Zanella Di Pietro
Ney José de Freitas
Oswaldo Othon de Pontes Saraiva Filho
Paulo Modesto
Romeu Felipe Bacellar Filho
Sérgio Guerra
Walber de Moura Agra

FÓRUM
CONHECIMENTO JURÍDICO

Luís Cláudio Rodrigues Ferreira
Presidente e Editor

Coordenação editorial: Leonardo Eustáquio Siqueira Araújo / Aline Sobreira de Oliveira
Revisão: Nathalia Campos
Capa e projeto gráfico: Walter Santos
Diagramação: Formato Editoração

Rua Paulo Ribeiro Bastos, 211 – Jardim Atlântico – CEP 31710-430
Belo Horizonte – Minas Gerais – Tel.: (31) 99412.0131
www.editoraforum.com.br – editoraforum@editoraforum.com.br

Técnica. Empenho. Zelo. Esses foram alguns dos cuidados aplicados na edição desta obra. No entanto, podem ocorrer erros de impressão, digitação ou mesmo restar alguma dúvida conceitual. Caso se constate algo assim, solicitamos a gentileza de nos comunicar através do *e-mail* editorial@editoraforum.com.br para que possamos esclarecer, no que couber. A sua contribuição é muito importante para mantermos a excelência editorial. A Editora Fórum agradece a sua contribuição.

Dados Internacionais de Catalogação na Publicação (CIP) de acordo com ISBD

B277r Barros, Charles Menezes
Regulação democrática de conteúdo da comunicação social: limites à atividade do agente regulador / Charles Menezes Barros. Belo Horizonte: Fórum, 2024.
XXX p. 14,5x21,5cm
il. color

ISBN impresso 978-65-5518-776-2
ISBN digital 978-65-5518-770-0

1. Direitos fundamentais. 2. Comunicação social. 3. Regulação democrática. 4. Conteúdo. 5. Censura. I. Título.

CDD: 341.27
CDU: 342.7

Ficha catalográfica elaborada por Lissandra Ruas Lima – CRB/6 – 2851

Informação bibliográfica deste livro, conforme a NBR 6023:2018 da Associação Brasileira de Normas Técnicas (ABNT):

BARROS, Charles Menezes. *Regulação democrática de conteúdo da comunicação social*: limites à atividade do agente regulador. Belo Horizonte: Fórum, 2024. XXX p. ISBN 978-65-5518-776-2.

Dedico amorosamente a minha família: minha mulher e meus dois filhos, fontes eternas de minha alegria e meu refúgio de todas as horas; a minha mãe (em memória), meu pai, minha sogra, irmãos, cunhadas e sobrinhos, com quem sempre pude e posso contar. Por fim, dedico este livro a toda pessoa de coragem que, compelida pelo incessante anseio de ser livre, ousou falar e discordar, quando tudo e todos tentavam calá-la.

AGRADECIMENTOS

Agradeço inicialmente a Deus por ter me dado a oportunidade de concluir este trabalho. A Ele, toda honra e glória!

Sou grato a meu orientador do pós-doutorado, Prof. Dr. Jónatas Machado, catedrático da Faculdade de Direito da Universidade de Coimbra, e a meu amigo e orientador do doutorado Dr. Juan Antonio Martínez-Bretón Mateos Villegas, Professor da Universidad Complutense de Madrid.

Igual agradecimento cabe a toda equipe da Entidade Reguladora para a Comunicação Social de Portugal (ERC), na pessoa da Dr.a Celeste Gracio, que abriu as portas da instituição para que meus estudos se ampliassem além dos limites teóricos.

"Dê-me a liberdade de saber, falar e argumentar livremente de acordo com a minha consciência, acima de todas as outras liberdades."

John Milton

LISTA DE ABREVIATURAS E SIGLAS

CIDH – Corte Interamericana de Direitos Humanos
ERC – Entidade Reguladora para a Comunicação Social de Portugal
FCC – Comissão Federal de Comunicações dos Estados Unidos da América (Federal Communication Comission)
MCM – Meios de Comunicação de Massa
OCS – Órgão de Comunicação Social
OFCOM – Autoridade Reguladora e de Concorrência para as indústrias de comunicação do Reino Unido (Office of Communications)
STC – Sentença do Tribunal Constitucional da Espanha
STF – Supremo Tribunal Federal do Brasil
TEDH – Tribunal Europeu de Direitos Humanos

SUMÁRIO

PREFÁCIO

As democracias liberais, aqui entendidas como aquelas regidas por uma Constituição democrática e em que se respeitam direitos básicos, fundamentais, das pessoas, e até hoje entendidas como a melhor forma de organizar o Estado e proteger os direitos de todos, só conseguem sobreviver se suas duas características principais forem respeitadas.

De nada adianta garantir o exercício do poder, a partir da vontade popular, se os direitos básicos dos indivíduos não são garantidos. Entre eles estão os decorrentes do princípio ou do ideal político da liberdade, necessários para que os indivíduos possam buscar o cumprimento de seu projeto de vida, a vida boa por cada um imaginada.

Eles são tão importantes que, nessas democracias, só se admitem restrições à liberdade, ou seja, ao exercício da liberdade em sua dimensão positiva, que é o da contenção, em circunstâncias especiais, que são basicamente três.

Em razão do dano, como sistematizado por John Stuart Mill em *Sobre a liberdade* (Edições 70, 2006), para a proteção de um sistema geral de liberdades, como ensina John Rawls em *Uma teoria da Justiça* (Martins Fontes, 2008); e quando são necessários para proteger um interesse da coletividade, que, no caso concreto, deva prevalecer, como admite Ronald Dworkin em *A virtude soberana: a teoria e a prática da igualdade* (2011).

Isso, por óbvio, aplica-se à liberdade de expressão, que, no Brasil, está prevista na Constituição da República de 1988 em dois dispositivos do artigo 5º: o inciso IV, que dispõe a respeito da liberdade de manifestação de pensamento; e o inciso XIV, que trata do direito à informação, além de ao seu reforço, a liberdade de imprensa, como expressamente decidido pelo Supremo Tribunal Federal na ADPF nº 130.

O certo, todavia, é que restrições existem, até porque não se pode pensar em liberdades absolutas, e há casos em que é preciso limitar o seu exercício e/ou punir o indivíduo que exercita esse direito em desconformidade com seus limites ou viola do direito alheio.

Como se trata de uma liberdade fundamental, porém, é preciso que essas restrições sejam rigorosamente necessárias e determinadas com as cautelas e regras aplicáveis, sendo importante que isso seja bem definido e a partir de uma construção teórica que reconheça a importância dos direitos fundamentais na vida das pessoas, entre eles os decorrentes do ideal da liberdade.

A obra que agora prefacio é uma parte muito importante desse esforço. Tratando especificamente da regulação de conteúdo, faz isso consciente de que, embora seja essa uma tarefa necessária e legítima, precisa estar sujeita a critérios que impeçam a violação, sem razões plausíveis, ao exercício de uma liberdade fundamental, ainda que a pretexto de proteção de outras liberdades ou de direitos.

Dividida em três capítulos, além da introdução e da conclusão, é um livro que deriva de uma pesquisa consistente, com um objeto central muito bem definido e a partir de referências bem selecionadas.

No primeiro capítulo do desenvolvimento, o autor trata dos fundamentos da atividade regulatória; no segundo, do objeto da regulação de conteúdo, tentando deixar claro o que é regulação legítima e o que é a inaceitável censura; e, por fim, no terceiro, propõe metodologia que busca conciliar a regulação com o exercício do que ele denomina de "liberdades comunicativas".

Penso que os capítulos, bem construídos, estão encadeados de forma a responder à problemática centrada nos limites da regulação de conteúdo.

Já a respeito do autor, conheço Charles Menezes Barros há muitos anos. Fui seu professor no curso de graduação em Direito da Universidade Federal do Pará e, de lá em diante, venho acompanhando, às vezes mais de perto, às vezes mais de longe, sua trajetória acadêmica e profissional. De destacar que, além de juiz de Direito vinculado ao Tribunal de Justiça do Estado do Pará, alcançou o mais alto nível acadêmico com o doutoramento em Direito da Comunicação pela Universidad Complutense de Madrid, na Espanha, sendo esta obra o resultado de sua pesquisa em nível de pós-doutorado na Universidade de Coimbra, Portugal.

Dito isso, os três aspectos abordados mostram que o tema é de alta relevância no âmbito dos direitos fundamentais, especialmente daqueles que são decorrentes do ideal político da liberdade; que a obra trata de questão crucial para a liberdade de expressão, os limites à atividade do agente regulador em relação ao conteúdo da comunicação social; e que seu autor é plenamente apto para a pesquisa que realizou.

Essa feliz combinação só me pode levar a recomendar fortemente a obra, desejando uma boa e produtiva leitura.

Belém-PA, maio de 2024

José Claudio Monteiro de Brito Filho
Pós-doutor pelo UniCEUB. Doutor em Direito pela PUC-SP. Vice-coordenador do Programa de Pós-Graduação em Direito e editor-chefe da *Revista Jurídica do CESUPA*. Titular da Cadeira nº 26 da Academia Brasileira de Direito do Trabalho

INTRODUÇÃO

Décadas atrás, falar do tema desta obra, mesmo numa roda de juristas amigos meus, gerava pronta repulsa: partidarizavam-se os argumentos e, quase sempre, associavam o primeiro à censura.

A ascensão das redes sociais, que atualmente ocupam grande fatia da esfera pública de ideias, trouxe a regulação para o centro do debate. O fato é que, a todo instante, milhares de mensagens são reguladas pelas plataformas, entidades privadas, segundo regras que elas próprias estabelecem, impostas a todos os usuários sem que a sociedade tenha participação ativa na construção desse conjunto normativo.

Aliado a isso, vemos um crescimento exponencial das *fake news* e do *deepfake*, agravado pela "nova era" da popularização do uso da Inteligência Artificial (IA), que gera um misto de fascínio e temor em boa parte da população mundial, bem como potencializa sobremaneira a quantidade de mensagens no já saturado mercado de ideias.

As circunstâncias da nossa sociedade da informação mudaram vertiginosamente, amadurecendo um cenário atual propício para discutirmos a regulação de conteúdo da comunicação social. Essa é uma realidade que não pode ser negada, mas que deve ser regulada. Se anteriormente tínhamos que concentrar grande força argumentativa para justificar a existência da regulação, atualmente importa mais discutir como devemos delimitar o poder regulatório para que a liberdade de expressão seja exercida em sua maior amplitude possível.

Um olhar atento nos revela um mercado de ideias vigente que simultaneamente informa e desinforma, esclarece e confunde, liberta e escraviza; tudo depende das intenções, boas ou más, dos formadores de opinião e do preparo do usuário-consumidor, mais ou menos autoconsciente do "livre mercado de influências" que vivenciamos.

Os desafios para atingir uma comunicação social que venha a cumprir com sua finalidade pública de propiciar a circulação de mensagens com qualidade informativa e formativa são cada vez maiores, em face do atual estágio da nossa sociedade de informação.

O imenso mar de mensagens postadas com o intuito de manipular pessoas, e até comunidades inteiras, interfere em nossas liberdades básicas, direcionando, inclusive, a vontade popular de nações que se consideram livres e democráticas. Tudo isso clama pela atuação do Direito como instrumento de proteção dos direitos fundamentais afetados. De modo mais específico, chegou o momento de refletirmos sobre a possibilidade e a necessidade de encontrarmos soluções para esse tema de fundamental importância no âmbito do Direito da Comunicação Social, que tem como objeto, justamente, a regulação das relações que envolvem o exercício da liberdade de expressão em sentido amplo, isto é, das relações jurídico-comunicativas.[1]

O objetivo central deste trabalho, assim, é propor mecanismos que permitam a regulação de conteúdo da comunicação social, que é área mais sensível em termos de regulação, ante sua proximidade à censura. É necessário delimitar a atividade do agente regulador como forma de garantir o mais amplo, aberto e desinibido exercício da liberdade de expressão.

Nesse prumo, no primeiro capítulo do livro analisamos os fundamentos que legitimam a atividade regulatória. No segundo, delimitamos o objeto da regulação de conteúdo, traçando os limites que a distinguem da censura. Finalmente, no terceiro, propomos uma metodologia que concilia o poder regulatório com a garantia do exercício pleno das liberdades comunicativas,[2] oferecendo diretrizes mais objetivas que proporcionem maior segurança jurídica a todos os agentes envolvidos.

Não é nosso intuito enveredar pela exposição das bases do Direito da Comunicação, motivo pelo qual usaremos bastantes notas explicativas para facilitar a compreensão do texto por aqueles não afeiçoados a esse ramo do Direito. Desse modo, buscamos escrever um texto objetivo e enxuto, que permita uma leitura rápida e dinâmica.

---

1 "Delimitando o objeto material através do termo atividade comunicativa no sentido acima explicado, o âmbito jurídico da disciplina se delineia em torno do conceito de relações jurídico-comunicativas, que inclui todos os negócios e situações de natureza comunicativa que requerem uma ordenação jurídica" (Del Villar, 2005, p. 39, tradução nossa).

2 "E são os meios de comunicação que tornam possível o direito à informação para que, por sua vez, o direito fundamental à participação possa ser exercido de forma livre e consciente. Daí a importância de uma regulação correta e adequada a seus fins dos meios de comunicação social no âmbito do ordenamento jurídico próprio do Estado de Direito" (Ballesteros, 2009, p. 687, tradução nossa).

CAPÍTULO 1

FUNDAMENTOS DA REGULAÇÃO DEMOCRÁTICA

De um modo geral, independentemente da área do conhecimento sob estudo, pode-se conceber a regulação como ordenação e direcionamento de atividades para atingir finalidades pré-estabelecidas. É necessário, portanto, definir metas, aferir constantemente o processo em curso e fazer os ajustes imprescindíveis para atingi-las.

No âmbito das relações jurídico-comunicativas, tendo em vista o direito fundamental do homem à liberdade em suas diversas dimensões,[3] a regulação só é justificável quando se buscam comportamentos imprescindíveis à manutenção de um razoável equilíbrio no subsistema da comunicação social.[4] Isso visa promover uma convivência mais justa e harmoniosa entre os envolvidos na comunicação e a sociedade como um todo.

Na busca desse equilíbrio, a criação, a exegese e a aplicação das normas constitucionais de cunho regulatório não escapam ao crivo

3 "O princípio requer liberdade de gostos e objetivos; de moldar o nosso plano de vida de modo a adequar-se ao nosso caráter; de fazer o que quisermos, sofrendo quaisquer consequências que daí resultem: e tudo isso sem obstrução por parte dos nossos semelhantes, desde que o que façamos não lhes cause dano, mesmo que considerem a nossa conduta tola, perversa ou incorreta" (Stuart Mill, 2011, p. 35).

4 "A ideia de regulação envolve a busca de um equilíbrio entre os interessados em geral, ou entre os direitos fundamentais que se limitam mutuamente, bem como a ação para especificar os princípios ou valores que devem reger a conduta das pessoas públicas e privadas. O Direito que determina a ação regulatória é prescritivo, e também principal e orientativo. Regulamentar não significa impor o mandato abstrato da norma anterior, significa buscar o correto funcionamento de um sistema complexo, em que os direitos em jogo não estão claramente delimitados (...). O conceito de regulação remete-nos a um tipo de ação administrativa caracterizada pela sua finalidade, a busca do equilíbrio, e pela importância do caso concreto frente à aplicação abstrata da regra geral" (Mas, 1999, p. 70, tradução nossa).

da tríade jusfilosófica do real, do possível e do necessário,[5] sobretudo para se adequarem às rápidas e contínuas mutações de nossa realidade mediática.[6]

Nesse sentido, iniciamos a fundamentação da regulação democrática de conteúdo da comunicação social através do conhecimento prévio da realidade mediática em que vivemos para, em seguida, apoiarmo-nos em argumentos filosóficos e jurídicos envolvidos nesse tema.

1.1 A realidade mediática

O exercício da liberdade de expressão sempre sofreu obstáculos a seu pleno desenvolvimento, seja pela censura exercida pela igreja, Estado e entes privados, seja pelo defeituoso funcionamento do mercado livre de ideias. O foro de discussão sempre foi restrito, e ainda o é hoje, apesar dos avanços que a *internet* nos trouxe.

A questão principal a ser observada neste tópico é saber se a presunção em favor do mercado de ideias, teoria amplamente seguida pelas democracias liberais, proporciona efetivamente o exercício das liberdades comunicativas a todos os indivíduos. Sob a perspectiva realista, infelizmente a história nos mostra que liberdade sem limites, em qualquer área, tende a se tornar arbitrária e, paradoxalmente, limitadora de direitos humanos consagrados, o que não é diferente na seara da comunicação social. John Milton, grande defensor da liberdade de expressão do século XVII, reconhecia a possibilidade de limitá-la para evitar excessos.[7]

---

5 "Consequentemente, o primeiro deles, ou possibilista, é mostrado como 'normativo', inclusive a partir do âmbito constitucional, mas sempre na medida e enquanto permanecer aberto (em espírito) no sentido filosófico popperiano do termo 'abertura de espírito', de modo que esse tipo de filosofia, juntamente com os outros dois restantes (necessária e realista), sirva de mediadora entre a teoria e a práxis (...) o conteúdo, a validade e a transformação das normas jurídicas, juntamente com seus respectivos limites, podem ser reunidos, em qualquer caso, a partir da tríade aberta formada pelo que chamamos de 'pensamento possibilista, realista e necessário'" (Häberle, 2002, p. 61; 78, tradução nossa).

6 Por questão didática, abordamos essas dimensões de forma isolada em determinados momentos deste trabalho, mesmo cientes dos perigos de cairmos em abordagem imperfeita e incompleta, pois os três pensamentos atuam recíproca e concomitantemente no processo de criação e exegese normativas, pois "a interação mútua dessas três formas de pensar ocorre passo a passo e exigirá sucessivamente *feedback* do sistema em qualquer caso" (Häberle, 2002, p. 80, tradução nossa).

7 "Não nego que seja da maior preocupação da Igreja e da Commonwealth manter um olhar atento sobre a maneira como os livros são conduzidos, bem como sobre a dos homens; e,

Por sua vez, Stuart Mill, que formatou a concepção sobre o mercado livre de ideais no ano de 1859, admitia a possibilidade de interferência na liberdade individual quando o seu exercício viesse a prejudicar os demais.[8] Ele tinha ciência da possibilidade de ocorrência de eventuais exageros, embora preferisse dar crédito à prevalência da boa-fé das pessoas a admitir qualquer restrição no mercado livre de ideias.[9] Apesar disso, chegou a criticar veementemente o poder que a opinião pública adquiriu, ao promover coação moral de uma maioria dominante em detrimento dos indivíduos e de grupos minoritários.[10]

No início da década de 70 do século passado, Jürgen Habermas, ao analisar historicamente as transformações ocorridas na esfera pública burguesa a partir de seu surgimento, no século XVIII, constatou que esta deixou de ser um espaço de debate crítico-racional sobre os assuntos de interesse geral para ser tornar em palco de manipulações perpetradas por grupos que visam a interesses políticos e econômicos próprios.[11] O

---

portanto, confiná-los, prendê-los e exercer todo o peso da lei sobre eles, caso se revelem criminosos" (Milton, 2004, p. 16).

8 "É o princípio de que o único fim para o qual as pessoas têm justificação, individual ou coletivamente, para interferir na liberdade de ação de outro, é a autoproteção. É o princípio de que o único fim em função do qual o poder pode ser corretamente exercido sobre qualquer membro de uma comunidade civilizada, contra a sua vontade, é o de prevenir dano a outros" (Stuart Mill, 2011, p. 32).

9 "Sem dúvida que o modo de defender uma opinião pode ser bastante objetável e pode incorrer justamente em censura, ainda que a opinião seja verdadeira...A mais grave entre elas é argumentar sofisticamente, suprimir fatos ou argumentos, deturpar os elementos do caso, ou descrever enganosamente a opinião oposta. Mas tudo isso é tão continuamente feito em boa-fé até ao cúmulo da exasperação por pessoas que não são consideradas ignorantes e incompetentes, e que em muitos outros aspectos poderão não merecer ser consideradas como tal, que raramente é possível classificar conscienciosamente a representação errada como moralmente culpável, com base em fundamentos adequados (...)" (Stuart Mill, 2011, p. 80).

10 "Mas a opinião de uma maioria semelhante, imposta como uma lei à minoria, sobre questões de conduta que só dizem respeito ao próprio, tem tanta probabilidade de estar enganada como de ter razão; pois nesses casos a opinião pública significa, na melhor das hipóteses, as opiniões de algumas pessoas sobre o que é bom ou mau para outras pessoas; ao passo que muito frequentemente nem sequer isso quer dizer – em alguns casos, demonstrando a mais perfeita indiferença, o público não tem em conta o prazer ou a conveniência daqueles cuja conduta censura, e considera apenas a sua própria preferência" (Stuart Mill, 2011, p. 113). É válido observar a crítica de Habermas sobre esse ponto: "Mill apela à tolerância e não à crítica, porque os vestígios dogmáticos podem ser perfeitamente sufocados, mas não reduzidos ao denominador comum da razão. O que impede a unidade da razão e da opinião pública é a falta de endosso objetivo de um acordo socialmente realizado entre interesses, a não demonstrabilidade racional de um interesse geral" (Habermas, 1982, p. 166, tradução nossa).

11 "A publicidade exerce funções de reivindicações publicitárias. Quanto mais pode ser imposta como meio de influência política e econômica, mais é despolitizada, considerada

relatório da Unesco de Sean MacBride,[12] publicado em 1980, que analisou por 2 anos a realidade da comunicação em nível mundial, confirmou as observações de Habermas, demonstrando que o livre mercado gerou ao redor do mundo a formação de monopólios e oligopólios concentrados nas mãos de poucos, impedindo ou dificultando gravemente o acesso das demais pessoas e grupos minoritários.

Nas últimas décadas, com o advento da *internet* e das Novas Tecnologias de Informação e Comunicação (NTIC) no âmbito da sociedade da informação, a comunicação social veio a sofrer transformações substanciais, permitindo um maior acesso à esfera pública, que, hoje, se realiza nos quatro cantos do planeta, a todo segundo, através de um simples *smartphone*. Em princípio, a comunicação social se tornou mais inclusiva, horizontal, multidirecional e, de certa forma, mais democrática.

Ilude-se, no entanto, quem pensa que a sociedade do conhecimento eliminou a concentração mediática, uma vez que os MCM tradicionais prontamente passaram a investir no mercado digital para manter ou ampliar seu domínio.[13]

Além disso, desafortunadamente, a *internet* trouxe novos obstáculos, quiçá maiores e mais perigosos que nossos antigos pesadelos. As notícias falsas (*fake news*), com que diariamente nos deparamos em nossas redes sociais, a interferência no resultado do Brexit e das eleições norte-americanas de 2016 em face da atuação da Cambridge Analytica – que criou milhões de perfis psicológicos de eleitores através do banco de dados do Facebook para fins de influenciá-los por meio do envio de

---

globalmente, e mais é aparentemente privatizada (...). A publicidade crítica é substituída pela publicidade manipuladora" (Habermas, 1982, p. 203; 205, tradução nossa).

[12] "A aplicação do princípio da livre circulação acarretou, pelas razões emitidas, uma circulação desequilibrada, chamada circulação de sentido único, isto é, uma corrente de notícias, dados, mensagens, programas e produtos culturais que vai quase exclusivamente dos países grandes para os pequenos dos que têm o poder e os meios tecnológicos para os que estão privados deles, dos países desenvolvidos para os países em desenvolvimento e, no plano nacional, do centro do poder para baixo (...) Hoje em dia, prossegue a luta por estender os direitos humanos e conseguir com que o mundo das comunicações seja mais democrático que agora. Mas, na atual fase da luta, intervêm novos aspectos do conceito fundamental de liberdade. A exigência de circulação de dupla direção, de intercâmbio livre e de possibilidades de acesso e participação dão nova dimensão qualitativa às liberdades conquistadas sucessivamente no passado" (Comissão Internacional para o Estudo dos Problemas da Comunicação, 1983, p. 238; 287).

[13] Como exemplo desse movimento, pode-se observar que as organizações Globo, que há décadas dominam o mercado dos meios de comunicação tradicional, ocupam atualmente o quarto lugar no *ranking* de *sites* mais acessados no Brasil, perdendo apenas para o Google, YouTube e Facebook (Carvalho, 2023).

propagandas personalizadas –[14] e o surgimento do *deepfake*,[15] de vídeos áudios falsos produzidos por processos de sintetização digital, cuja falsidade é de difícil percepção, são exemplos concretos que demonstram a dura realidade que nos envolve e a insuficiência do livre mercado em garantir, na atual sociedade da informação, a incolumidade da liberdade de expressão em toda sua extensão.

No transcorrer da eterna luta entre Estado Mínimo e Estado Intervencionista, os efeitos do neoliberalismo, a partir do final da década de 80 do século passado, no lucrativo campo da comunicação social, reforçou a "confiança" na presunção em favor do livre mercado de ideias, arrefecendo a atividade regulatória estatal e ocasionando diferentes medidas segundo os modelos regulatórios europeu e norte-americano.[16] Sob essa nova ordem, a União Europeia eliminou monopólios públicos de radiodifusão, abrindo-se à iniciativa privada, ao mesmo tempo que transferiu o poder regulatório a agências autônomas cuja composição e funcionamento lhes proporcionam independência em relação aos poderes político e econômico.[17]

Por sua vez, o modelo neoliberal norte-americano revogou a *fairness doctrine*,[18] desidratando a competência da FCC, que passou a

---

14 Ver reportagem do *The Guardian* sobre o assunto: Cadwallard; Graham-Harrison, 2018.

15 Battaglia, 2023.

16 "Nas décadas de 1940 e 1950, a regulação televisiva estava fortemente condicionada pelos modelos de regulação da radiodifusão sonora, podendo distinguir-se dois grandes modelos: o americano, claramente orientado para o mercado, e o europeu, baseado numa concepção estatista e de serviço público.
Nos EUA, com base legal na Lei das Comunicações de 1934, ainda em vigor, decidiu-se limitar a presença pública no sector, deixando-o nas mãos de empresas privadas que concorriam no mercado e na função reguladora do novo meio para um órgão regulador independente, a Comissão Federal de Comunicações (FCC).
Diversamente, nos países europeus foram os poderes públicos que assumiram a gestão direta da televisão em regime de monopólio, configurando um modelo específico de serviço público de televisão" (Conde, 1999, p. 89-90, tradução nossa).

17 Em 1987 a União Europeia adotou um livro verde com o objetivo de estabelecer uma política comum no setor das telecomunicações, que desencadeou modificações substanciais nos ordenamentos jurídicos dos países membros, permitindo, assim, a crescente abertura à iniciativa privada. Sobre esse livro, Mattelart (2002, p. 123, tradução nossa) aduz: "O documento defende a abolição dos monopólios nacionais e delineia o problema das redes de informação como elemento de construção do mercado único. Durante a próxima década, nada menos que três diretivas marcaram o caminho para a liberalização, a plena concorrência e o serviço universal."

18 "Numa queixa contra a estação de televisão WTVH Syracuse, NY, a FCC se recusou a sancionar a estação de transmissão por uma violação da Doutrina da Justiça, porque a agência determinou que a Doutrina da Justiça violava a Primeira Emenda. A FCC repetiu as conclusões do seu relatório de 1985 e argumentou que a lógica de escassez subjacente à decisão do Red Lion da Suprema Corte já não era válida (Ruane, 2011, tradução nossa).

se restringir a controlar o conteúdo referente à igualdade de oportunidade de acesso a candidatos em período eleitoral[19] e à obscenidade.[20] No âmbito dos serviços interativos através da *internet*, delegou-se ao setor privado um amplo poder regulatório, conferindo-lhe um escudo protetor contra qualquer responsabilidade civil, quando, de boa-fé, restringe mensagens relacionadas a conteúdo "obsceno, indecente, lascivo, imundo, excessivamente violento, assediante, ou de outra forma questionável", conforme permissivo contido na Seção 230 (c2A) da Lei de Comunicação norte-americana (Communication Act of 1934).[21] A parte final da lei – "de outra forma questionável" –, de cunho indeterminado, confere um poder imensurável a entidades privadas, que facilmente podem ampliar seus limites regulatórios sob essa rubrica.

Contrariamente ao que pode parecer, a adoção do mercado livre de ideias não elimina a necessidade de regulamentação de conteúdo na esfera pública. A omissão do Estado nesse aspecto apenas abre espaço para o setor privado fazer o controle dos abusos que cotidianamente atentam contra a liberdade de expressão.

Efetivamente, sob a proteção desse escudo, as plataformas exercem moderação das postagens, que consiste em verdadeiro controle sobre o conteúdo das mensagens publicadas, determinando o que pode e o que não pode ser difundido. Os centros de moderação estão espalhados em alguns países do mundo em que grupos de pessoas (funcionários ou terceirizados) verificam as publicações que foram objeto de denúncias por usuários. Além disso, utilizam-se inteligências artificiais (*machine learning*) que, a todo momento, fazem a análise de todas as publicações e automaticamente removem aquelas cujo conteúdo se enquadre em

---

19 Ver o regulamento de conteúdo de programas elaborados pela FCC. Disponível em: https://x.gd/WjSsb. Acesso em: 2 jan. 2024.

20 A definição sobre obscenidade foi delineada pela Suprema Corte (Ginzburg *v.* United States, 383 US 463 - 1966), cuja diferença para indecência se encontra no portal da FCC) (FCC, 2021).

21 Communications Act of 1934, Section 230, (c), (2), (A): "(c) PROTECTION FOR "GOOD SAMARITAN" BLOCKING AND SCREENING OF OFFENSIVE MATERIAL (...) (2) CIVIL LIABILITY. No provider or user of an interactive computer service shall be held liable on account of (A) any action voluntarily taken in good faith to restrict access to or availability of material that the provider or user considers to be *obscene, lewd, lascivious, filthy, excessively violent, harassing, or otherwise objectionable*, whether or not such material is constitutionally protected (...)" (Communications [...], [1934], tradução nossa).

seus parâmetros, independentemente de denúncia ou de qualquer análise humana.[22]

Nesse diapasão, o X passou a adotar uma política mais proativa e, em face da pandemia, adotou novas regras, mais rígidas, a partir de 11 de maio de 2020, de tal sorte que dividiu as mensagens falsas em informações enganosas, afirmações questionáveis e não confirmadas, que, dependendo da gravidade da lesão – moderada ou grave –, podem levar à colocação de alertas, de avisos e até à remoção.[23] Há, inclusive, a especificação de quais tipos de conteúdo implicam remoção de postagem, tais como negar as recomendações de autoridades de saúde locais ou globais.[24] Dentro desses parâmetros autodefinidos, mensagens do ex-presidente norte-americano Donald Trump, por exemplo, referente à suposta fraude de eleitores democratas, foi marcada por checagem de fatos,[25] sendo que outra foi removida por causa de possível violação a direitos autorais.[26] No Brasil, o ex-presidente Jair Bolsonaro teve dois vídeos removidos no X por terem causado aglomeração de pessoas em passeio público e se colocarem contra o isolamento social, sendo que, no dia seguinte, o Facebook e o Instagram removeram apenas um desses vídeos.[27]

Além de colocar avisos e remover mensagens, as plataformas também suspendem temporária ou permanentemente a conta do usuário, impedindo-o de continuar participando da rede social.[28] O filho do referido presidente do Brasil, por exemplo, foi banido do Twitch por ter minimizado a recente pandemia de Covid-19.[29]

O panorama traçado não deixa dúvidas de que o livre mercado de ideias não consegue, por si só, evitar que o exercício das liberdades comunicativas extrapole os limites aceitáveis para a preservação da dignidade da pessoa humana. Essa impossibilidade fática reclama uma

---

[22] O Facebook mantém equipes próprias e terceirizadas de pessoas que analisam as denúncias dos usuários, bem como, AI capazes de proativamente identificar postagem de conteúdos não permitidos pela plataforma, ambos com poderes para retirar a mensagem e cancelar o próprio usuário responsável por sua difusão (Uchinaka, 2019). Ver ainda sobre as denúncias a respeito das sequelas deixadas nos trabalhadores em Hern, 2019.

[23] Disponível em: https://x.gd/sUo4G. Acesso em: 2 jan. 2024.

[24] Disponível em: https://x.gd/SBYdt. Acesso em: 2 jan. 2024.

[25] Disponível em: https://x.gd/Pvi0t. Acesso em: 2 jan. 2024.

[26] Disponível em: https://x.gd/XRqeV. Acesso em: 2 jan. 2024.

[27] Disponível em: https://x.gd/RvdFV. Acesso em: 2 jan. 2024.

[28] Disponível em: https://x.gd/Gar40. Acesso em: 2 jan. 2024.

[29] Disponível em: https://x.gd/mWSwH. Acesso em: 2 jan. 2024.

regulação de conteúdo que, principalmente no caso das mídias digitais, vem sendo largamente desempenhada por agentes privados. Realmente, há mensagens com conteúdo extremamente nefasto aos interesses da sociedade, as quais conquistam rejeição tantos dos defensores do livre mercado quanto dos intervencionistas, como aquelas que contêm discurso de ódio, imagem de extrema violência, suicídio, pedofilia etc.[30]

No Brasil, o projeto de lei de combate às *fake news* (PL nº 2.630/2020), aprovado no Senado Federal e em tramitação na Câmara, prevê a criação de um "conselho para supervisionar as redes sociais e os aplicativos de mensagens, que será responsável por definir diretrizes para a autorregulação e um código de conduta para o setor; avaliar os relatórios trimestrais e publicar indicadores; e analisar os procedimentos de moderação",[31] que conta com adesão de integrantes do Supremo Tribunal Federal.[32] Isso demonstra que a regulação é um fato admitido como necessário por gregos e troianos, sendo uma realidade mundial que começa pela mera seleção por parte do ente público ou privado do que pode, ou não, ser divulgado.

A confiança cega na presunção a favor do mercado há de ser relativizada, por meio do fomento de medidas regulatórias pontuais capazes de fornecer a todos os cidadãos uma visão nítida dos temas de interesse geral, propiciando, assim, o retorno do debate crítico-racional ao fórum público.

Em suma, a realidade mediática clama por uma intervenção excepcional, democrática e proporcional, a fim de propiciar a todos os cidadãos, especialmente os menos esclarecidos, informações e ideias capazes de fazê-los pensar por si próprios de forma crítica e racional sobre os diversos temas de interesse da comunidade, inclusive, e especialmente, os mais complexos. Nessa realidade, devemos buscar

---

[30] Ver decisão do STF que denegou o Habeas Corpus nº 824.24 à pessoa condenada por publicar livro com conteúdo antissemita: Disponível em: https://x.gd/szHol. Acesso em: 2 jan. 2024.

[31] Ruddy, 2020.

[32] A jurisprudência do STF tem se mostrado fracamente favorável ao livre mercado de ideais, conforme se observa, por exemplo, pela declaração de não recepção da Lei de Imprensa (ADPF nº 130) e pelos constantes deferimentos de reclamações contra decisões judiciais que de alguma forma interferem na liberdade de imprensa. Contudo, atualmente, a Corte está realizando o inquérito em face de *fake news* que levou a quase totalidade dos membros a ressaltar os limites da liberdade de imprensa, sendo que o Min. Gilmar Mendes se mostrou favorável ao controle das mídias sociais por meio de um órgão do Senado Federal (Gilmar [...], 2020). O ministro Barroso, por sua vez, pontuou a necessidade da existência de regras claras para exclusão de postagens e de pessoas por parte das plataformas, para que seja evitada a censura privada (Barroso [...], 2021).

soluções dentro das possibilidades e necessidades de criação, interpretação e aplicação normativas, tudo para que sejamos tratados como seres morais dotados de raciocínio, capazes de tomar decisões próprias, desde que municiado por um amplo sistema de liberdade de expressão, na esteira da teoria construtivista, conforme nos esclarece Dworkin.[33] Não podemos nos guiar pela confiança cega em determinado especialista, entidade ou autoridade governamental, numa desídia mental que nos deixa suscetíveis a toda espécie de manipulação.

Aqueles que difundem conteúdos na esfera pública têm o ônus de gerar informações acessíveis a todos, para que cada um tome suas decisões de modo autoconsciente. Esse ônus recai especialmente sobre os expertos, poder público e profissionais de imprensa, que não podem ocultar informações e opiniões que interfiram na formação da autodeterminaçao de cada pessoa. Os argumentos travados no curso da discussão, muitas vezes, são tão importantes quanto o próprio resultado do consenso, principalmente quando há um período de acentuada incerteza.[34]

---

33 "O Estado ofende seus cidadãos e nega a responsabilidade moral deles quando decreta que eles não têm qualidade moral suficiente para ouvir opiniões que possam persuadi-los de convicções perigosas ou desagradáveis. Só conservamos nossa dignidade individual quando insistimos em que ninguém – nem o governante nem a maioria dos cidadãos – tem o direito de nos impedir de ouvir uma opinião por medo de que estejamos aptos a ouvi-la e ponderá-la" (Dworkin, 2006, p. 319).

34 É válido observar o posicionamento de especialistas no âmbito de um acalorado debate sobre as evidências de que a contaminação do Covid-19 se dá por via aérea através de micropartículas, tendo como pano de fundo questão mais importante sobre qual o papel da OMS no que diz respeito ao dever de divulgar apenas informações comprovadas cientificamente ou se também deve publicar as discordâncias entre cientistas sobre temas em que há apenas evidências científicas: "Mas o comitê de prevenção e controlo de infeções, em particular, dizem os especialistas, está vinculado a uma visão rígida e excessivamente medicalizada das provas científicas, é lento e avesso ao risco na atualização das suas orientações e permite que algumas vozes conservadoras reprimam a dissidência (...). Muitos especialistas disseram que a OMS deveria abraçar o que alguns chamavam de "princípio da precaução" e outros de "necessidades e valores" – a ideia de que mesmo sem evidências definitivas, a agência deveria assumir o pior do vírus, aplicar o bom senso e recomendar a melhor proteção possível (...). Em entrevistas, outros cientistas criticaram essa visão como paternalista. 'Não vamos dizer o que realmente pensamos, porque achamos que você não consegue lidar com isso? Não creio que isso esteja certo', disse Don Milton, especialista em aerossóis da Universidade de Maryland (...). Vários especialistas criticaram as mensagens da OMS durante a pandemia, dizendo que a equipe parece valorizar a perspectiva científica em detrimento da clareza. 'O que você diz foi concebido para ajudar as pessoas a compreender a natureza de um problema de saúde pública', disse o Dr. William Aldis, antigo membro da OMS, colaborador baseado na Tailândia. 'Isso é diferente de apenas descrever cientificamente uma doença ou um vírus'" (Mandavilli, 2020, tradução nossa).

1.2 Justificação filosófica

Cumpre esclarecer inicialmente que, neste tópico, provocamos algumas questões desenvolvidas especialmente no âmbito da filosofia da linguagem[35] que contribuem para embasar e direcionar a atividade regulatória na esfera pública. Não há, neste momento, qualquer preocupação com o estudo aprofundado desse ramo da filosofia, tema que extrapola o escopo deste trabalho.

1.2.1 Filosofia da linguagem

Um breve olhar sobre a dinâmica do mercado de ideias revela que subsistem as preocupações iniciais que culminaram com o surgimento e desenvolvimento da filosofia da linguagem. Isto é, frequentemente, as pessoas não conseguem se expressar com clareza de modo a evitar ruídos na comunicação, que consistem em toda interferência nesse processo comunicativo que dificulta, e por vezes impossibilita, a exata compreensão da mensagem transmitida.

Sem nos atermos a qualquer teoria do conhecimento em particular, resta induvidoso que o homem consegue raciocinar e compartilhar suas ideias através da linguagem.[36] Semelhante a um programa de computador, nosso cérebro processa racionalmente os dados percebidos pelos nossos sentidos e o produto de nossa própria abstração mental pela linguagem, gerando nossos pensamentos mais complexos que podem ser compartilhados ao público. Ambos os processos – geração e expressão – são feitos por meio de linguagens específicas.[37]

---

[35] "Em sua acepção mais estrita, ela é o resultado de uma investigação filosófica acerca da natureza e função da linguagem (...). Na segunda e mais ampla acepção, a filosofia da linguagem diz respeito a qualquer abordagem crítica dos problemas filosóficos metodologicamente orientada para uma investigação da linguagem" (Costa, 2002, tradução nossa).

[36] Segundo Frege (2009, p. 217), "nosso pensamento está estreitamente vinculado à linguagem, e assim ao mundo exterior dos sentidos. Talvez o nosso pensar seja antes de mais nada um falar, que a seguir se torna uma representação do falar *(Vorstellen des Sprechens)*. O pensar silencioso seria assim um falar silencioso que se desenvolve na representação. Naturalmente, podemos também pensar com sinais matemáticos; contudo, também aqui existe um vínculo entre o pensar e o dado sensível".

[37] "O significado das palavras só é um fenômeno de pensamento na medida em que é encarnado pela fala e só é um fenômeno linguístico na medida em que se encontra ligado com o pensamento e por este é iluminado. É um fenômeno do pensamento verbal ou da fala significante – uma união do pensamento e da linguagem (...). As palavras não se limitam a exprimir o pensamento: é por elas que este acede à existência" (Vygotsky, 2002, p. 102; 106).

Para entender o pensamento, é necessário compreender a linguagem e seu logicismo. Além disso, no âmbito da comunicação social, o cuidado com a correta utilização da linguagem se converte em verdadeiro ônus, pois as ideias lançadas na esfera pública são como faíscas com potencial para transformar radicalmente os ouvintes e incendiar o mundo em que vivemos. Assim, não causa surpresa a atenção dada à linguagem pelos filósofos no início do século XX que culminou na virada linguística.[38]

Frege, precursor da filosofia da linguagem, esbarrou nas dificuldades que esta lhe impunha para atingir seu escopo de fundamentar a aritmética com base em leis lógicas gerais.[39] Para remover tais pedras de seu caminho, dedicou especial atenção à linguagem com o fito de lhe retirar toda ambiguidade e lhe dar o rigor lógico necessário para que o conteúdo do pensamento fosse transmitido com exatidão.[40] A preocupação fregiana com as dimensões sintática e semântica[41] das

---

38 "A expressão 'virada linguística' se tornou corrente após a publicação de uma coletânea, em 1967, organizada por Richard Rorty, intitulada *The Linguistic Turn: Essays in Philosophical Method*. No seu prefácio, Rorty registra que o primeiro a empregar tal denominação teria sido Gustav Bergmann, um membro do Círculo de Viena que imigrou para os EUA, em 1938, e fez toda a sua carreira acadêmica na Universidade de Iowa" (Sampaio, 2017).

39 "A questão é assim retirada do domínio da psicologia e remetida, tratando-se de uma verdade matemática, ao da matemática. Importa então encontrar sua demonstração e nela remontar até as verdades primitivas. Se nesse caminho esbarra-se apenas em leis lógicas gerais e definições, tem-se uma verdade analítica, pressupondo-se que sejam também levadas em conta as proposições sobre as quais se assenta a admissibilidade de uma definição" (Frege, 2009, p. 206-207).

40 "Se uma das tarefas da filosofia for romper o domínio da palavra sobre o espírito humano, desvendando os enganos que surgem, quase que inevitavelmente, em decorrência de utilizar a linguagem corrente para expressar as relações entre os conceitos, ao liberar o pensamento dos acréscimos indesejáveis a ele associados pela natureza dos meios linguísticos de expressão, então minha conceitografia, desenvolvida sobretudo para esses propósitos, poderá ser um valioso instrumento para os filósofos" (Frege, 2018, p. 19).
"De modo similar, a linguagem por palavras tem a mesma limitação: necessitamos de um conjunto de sinais (*Gazens von Zeichen*), carente de toda ambiguidade, e cuja forma rigorosamente lógica não deixe escapar o conteúdo" (Frege, 2009, p. 62).

41 Levamos em consideração a clássica divisão da semiose de Charles Morri (1985, p. 32, tradução nossa) em sintaxe, semântica e pragmática, a saber: "Em termos dos três correlatos (veículo sígnico, *designatum*, intérprete) da relação triádica da semiose, uma série de relações diádicas pode ser abstraída – para se tornar um objeto de estudo. As relações dos signos com os objetos aos quais são aplicáveis podem ser estudadas. Essa relação será chamada de dimensão semântica da semiose (...), cujo estudo será chamado de semântica. Mas o objeto de estudo também pode ser a relação entre signos e intérpretes. Nesse caso, a relação resultante será chamada de dimensão pragmática da semiose (...). Ainda nos resta uma importante relação de signos que não consideramos: a relação formal dos signos entre si (...). Uma vez que a maioria dos signos estão claramente relacionados a outros signos, uma vez que muitos casos de signos aparentemente isolados acabam por não o ser se submetidos à análise e uma vez que todos os signos estão em relação, potencialmente, se não realmente

proposições acabou impactando profundamente os estudos da filosofia a partir de então.

Imbuído de inquietação similar,[42] Bertrand Russel desenvolveu a teoria do atomismo lógico[43] como forma de depurar a linguagem corrente, tornando-a apta a expressar nossos pensamentos com lógica e fidelidade. Segundo ele, seria necessário decompor a proposição em seus elementos mais simples (átomos linguísticos) que se conectam diretamente com os átomos lógicos dos fatos (átomos extralinguísticos), a fim de encontrarmos a estrutura lógica da linguagem que corresponde exatamente a estrutura ontológica da realidade,[44] permitindo, assim, compreender esta através daquela.

Influenciado por Frege e Russel, Wittgenstein desenvolveu sua teoria representativa isomórfica afirmando que a realidade é configurada em nossos cérebros por imagens que guardam entre si uma ordenação lógica correspondente à existente no estado das coisas no mundo.[45] Desse modo, percebeu o grande filósofo da linguagem que a dificuldade no processo de comunicação decorre da falta de congruência entre as

---

com outros signos, parece correto estabelecer uma terceira dimensão da semiose como tão importante quanto os dois mencionados anteriormente. Essa terceira dimensão será chamada de dimensão sintática da semiose."

42 "O processo de filosofar sensato, a meu ver, consiste principalmente em passar daquelas coisas óbvias, vagas e ambíguas, das quais temos bastante certeza, para algo preciso, claro, definido, que pela reflexão e análise descobrimos estar envolvido no vago aquilo de onde partimos, e que é, por assim dizer, a verdade real da qual essa coisa vaga é uma espécie de sombra (...). Quando você passa do vago ao preciso pelo método de análise e reflexão de que estou falando, sempre corremos um certo risco de erro" (Russel, 2010, p. 4, tradução nossa).

43 "A razão pela qual chamo a minha doutrina de atomismo lógico é porque os átomos aos quais desejo chegar como espécie de último resíduo em análise são átomos lógicos e não átomos físicos. Alguns deles serão o que chamo de "particulares" – coisas como pequenas manchas de cor ou sons, coisas momentâneas – e alguns deles serão predicados ou relações e assim por diante. A questão é que o átomo ao qual desejo chegar é o átomo da análise lógica, não o átomo da análise física" (Russel, 2010, p. 3, tradução nossa).

44 "Russel acredita que a análise lógica da linguagem é capaz de 'pôr a nu' a forma lógica como esqueleto, correspondendo esta forma lógica, então, à estrutura da própria realidade" (Miguens, 2007, p. 104).

45 "2.022 É claro que um mundo, pensado muito diferente do real, deve possuir algo – uma forma – comum com este mundo real. 2.023 Esta forma consiste precisamente em objetos. 2.12 A figuração é um modelo da realidade. 2.15 Os elementos da afiguração estando uns em relação aos outros de um determinado modo, isso representa as coisas estando uma em relação às outras. Essa vinculação dos elementos da figuração chama-se sua estrutura e a possibilidade dela, sua forma de afiguração, 2.151 A forma de afiguração e a possibilidade de que as coisas estejam umas em relação às outras como os elementos da figuração. 2.1511 A figuração enlaça-se com a realidade; deste modo: estendendo-se para ela. 2.221 O que a figuração representa é o seu sentido. 3 Pensamento é a figuração lógica dos fatos" (Wittgenstein, 1968, p. 57; 59; 61).

figuras que se encontram nas mentes dos agentes emissor e receptor da mensagem. Em seu segundo trabalho, Wittgeinstein reavaliou sua teoria, tendo percebido que o significado, a finalidade e o funcionamento das palavras e proposições devem ser buscados nos inúmeros usos da linguagem;[46] ou melhor, utilizando as próprias palavras do autor, nos diversos jogos de linguagem[47] praticados cotidianamente no seio social.[48] Os signos linguísticos passam a ser vistos como ferramentas do processo comunicativo e sua estruturação não se restringe mais a simples retratação lógica da realidade. Esse novo viés chamou a atenção para a dimensão pragmática da proposição –[49] correspondente a sua força ilocucionária –,[50] que acaba por complementar as demais dimensões da linguagem.[51]

---

46 "Pode-se, para uma grande classe de casos da palavra 'significação' – se não para todos os casos de sua utilização –, explicá-la assim: a significação de uma palavra é o seu uso na linguagem" (Wittgenstein, 1999, p. 43).

47 Mas quantos tipos de sentenças existem? Talvez asserção, pergunta e ordem? – Há *inúmeros* desses tipos: inúmeros tipos diferentes de aplicação de tudo o que chamamos de "sinais", "palavras", "sentenças". E essa multiplicidade não é nada fixa, dada de uma vez por todas; mas novos tipos de linguagem, novos jogos de linguagem, poderíamos dizer, passam a existir, e outros envelhecem e são esquecidos" (Wittgenstein, 1999, p. 23).

48 "Podemos também imaginar que todo o processo de uso de palavras em (2) seja um desses jogos por meio dos quais as crianças aprendem a língua materna. Chamarei esses jogos de 'jogos de linguagem' e falarei muitas vezes de uma língua primitiva como um jogo de linguagem (...) Pense os vários usos de palavras ao se brincar de roda. Chamarei também de jogos de linguagem o conjunto da linguagem e das atividades com as quais está interligada" (Wittgenstein, 1999, p. 30).

49 "A pragmática, por sua vez, diz respeito à linguagem em uso, em diferentes contextos, tal como utilizada por seus usuários para a comunicação. É por esse motivo que Carnap, por exemplo, considera a pragmática um domínio da linguagem de difícil análise, uma vez que qualquer tentativa desse tipo envolveria uma abstração dessa diversidade e dessa multiplicidade de uso (...)" (Marcondes, 2005, p. 6).

50 "O ato locucionário (e dentro dele os atos fonéticos, 'factuais' e 'réticos') que tem significado; o ato ilocucionário, que tem certa força ao dizer algo; e o ato perlocucionário que consiste em alcançar determinados efeitos pelo (fato) de dizer algo" (Austin, 1982, p. 166).
"Vamos agora atribuir nomes a esses atos sob a rubrica geral de atos de fala: a) emitir palavras (morfemas, sentenças) = realizar atos de emissão; b) encaminhar e pregar = realizar atos proposicionais; c) declarar, perguntar, comandar, prometer etc. = realizar atos ilocucionários (...). Os atos de emissão consistem simplesmente em emitir sequências de palavras. Os atos ilocucionários e proposicionais consistem caracteristicamente em pronunciar palavras dentro de sentenças, em certos contextos, sob certas condições e com certas intenções (...) [;] a forma gramatical característica do ato ilocucionário é a sentença completa (pode ser uma sentença composta por uma única palavra), e as formas gramaticais características dos atos proposicionais são partes de sentenças" (Searle, 1994, p. 32-34, tradução nossa).

51 "É possível distinguir pelo menos duas tendências nos trabalhos contemporâneos sobre filosofia da linguagem: uma que se concentra no uso de expressões em situações de fala e outra que se concentra no significado das frases (...). Assim, por exemplo, as primeiras obras de Wittgenstein, que se alinham com a segunda tendência, contêm pontos de vista sobre o significado que são rejeitados em seu obras posteriores, que se alinham com a

O caráter instrumental da linguagem revela que seu emprego está intrinsecamente conectado aos fins visados pelo agente e aos usos e costumes sociais reinantes, isto é, o emissor a manuseia da forma mais conveniente para atingir seus objetivos, imprimindo-lhe significância e funcionalidade em face da praxe social vigente.

Desse modo, o entendimento mútuo será obtido justamente quando os interlocutores conseguirem reconhecer o significado das proposições, que envolve simultaneamente os aspectos sintático, semântico e pragmático (que tipo de ato ilocucionário está se desenvolvendo).[52] Dentro dessa concepção, pode-se concluir que as falhas no processo comunicativo decorrem basicamente de ruídos sintáticos, semânticos ou pragmáticos, de maneira que a comunicação minimamente ruidosa é aquela que melhor permite que as peças do tabuleiro no processo comunicativo sejam consciente e progressivamente movimentadas.[53]

Deve-se ressaltar que o componente pragmático da proposição não elimina a necessidade do uso de uma linguagem formal que retrate fidedignamente a realidade quando a área do conhecimento requer um processo lógico rigoroso, como por exemplo nas ciências exatas. Não se concebe que um cientista venha a utilizar o significado de um termo que não seja aquele cunhado após um processo metodológico rígido, a não ser que venha a contestar a semântica vigente através de uma crítica racional. Frege foi extremamente feliz ao observar que sua conceitografia não se aplicava indistintamente à linguagem corrente, mas sim a uma parte que requeria um maior rigor lógico.[54]

---

primeira tendência. Mas, embora haja divergências marcantes entre os praticantes dessas duas abordagens, é importante perceber que as duas, interpretadas não como teorias, mas como abordagens de pesquisa, são complementares e não competitivas" (Searle, 1994, p. 28, tradução nossa).

52 "O indicador de força ilocucionária mostra como a proposição deve ser interpretada ou, em outras palavras, que força ilocucionária o enunciado deve ter; isto é, que ato ilocucionário o falante está realizando ao proferir a frase. Em espanhol, os dispositivos que indicam a força ilocucionária incluem pelo menos: a ordem das palavras, a ênfase, a curva de entonação, a pontuação, o modo do verbo e os chamados verbos performativos. Posso indicar o tipo de ato ilocucionário que estou realizando tendo a frase precedida de 'peço desculpas', 'aconselho', 'declaro' 'etc.'. Muitas vezes, em situações de fala efetiva, o contexto esclarecerá a força ilocucionária do enunciado, sem que seja necessário apelar ao indicador explícito apropriado de força ilocucionária" (Searle, 1994, p. 39, tradução nossa).

53 "A névoa se dissipa se nós estudamos as manifestações da linguagem em tipos primitivos do seu emprego, nos quais se pode ter uma visão geral clara da finalidade e funcionamento das palavras" (Wittgenstein, 1999, p. 29).

54 "Creio que a melhor maneira de elucidar a relação que se dá entre minha conceitografia e a linguagem corrente seria compará-la com a relação que ocorre entre o microscópio e o olho. O último, pela extensão de sua aplicabilidade e pela versatilidade de sua adaptação

Os ruídos de comunicação – sintáticos, semânticos ou pragmáticos – surgem com maior frequência quando o emissor descura da importância devida à construção da proposição. Comunicar-se não é um ato tão simples quanto a maioria das pessoas costumam pensar. Nesse sentido, continua válida a famosa advertência de Wittgenstein de que é melhor se calar quando não se consegue falar com clareza.[55]

Essa advertência deve ser concebida não como um estímulo ao isolamento, como se só pudéssemos nos comunicar através da emissão das frases mais perfeitas, e sim como um apelo para que as pessoas atentem o quão importante é elaborar a proposição do pensamento suficientemente clara em termos sintáticos, semânticos e programáticos para se fazer entender melhor, eximindo-se o máximo possível das falhas de comunicação. É certo que a grande maioria das interações sociais se iniciam por um processo comunicativo prévio; portanto, a falta de zelo inicial com a linguagem pode causar seríssimos problemas de ordem social.

A preocupação dos filósofos da linguagem há de ser partilhada por todos aqueles que navegam nas águas turbulentas do mercado livre de ideias, especialmente aqueles que fazem dele seu escritório de trabalho. Evitar os diversos ruídos da comunicação é um ônus que atinge com mais força todo aquele que intenta difundir qualquer conteúdo na esfera pública através dos meios de comunicação social.

Dentro dessa perspectiva, a regulação democrática da comunicação social se justifica como instrumento de correção das falhas de comunicação que recorrentemente ocorrem no mercado de ideias.

às mais diversas circunstâncias, é em muito superior ao microscópio. Contudo, como um instrumento óptico, o olho possui, por certo, muitos inconvenientes, que passam comumente desapercebidos por força de seu estreito relacionamento com a nossa vida mental. De fato, se um objetivo científico exigir grande acuidade de resolução, o olho se mostra insuficiente. Por outro lado, o microscópio se afigura perfeitamente adequado para tais fins, embora seja por isso mesmo inadequado para outros.
De modo similar, minha conceitografia foi concebida como um instrumento para servir a determinados fins científicos, e não deve ser descartada pelo fato de não servir para outras finalidades" (Frege, 2009, p. 46).

55 "(...) em geral o que pode ser dito, o pode ser claramente, mas o que não se pode falar deve-se calar" (Wittgenstein, 1968, p. 53).

1.2.2 Livre mercado de ideias

Não há dúvidas de que o livre mercado de ideias, cujo embrião encontramos em John Milton,[56] foi formatado pelo filósofo britânico John Stuart Mill, em sua obra clássica *On Liberty*, de 1859. Esse mercado pode ser concebido como um mecanismo de depuração da verdade através do confronto de opiniões divergentes num âmbito de absoluta liberdade. Obviamente, as falhas de comunicação podem ser minoradas em decorrência de tal choque de ideias: a premissa básica é a proibição de restrição à circulação de qualquer mensagem na esfera pública, pois inclusive os pensamentos que inicialmente pareçam falsos podem, posteriormente, se mostrar parcial ou totalmente verdadeiros, ou, ainda, confirmar a veracidade e os fundamentos racionais do pensamento que lhes são diferentes ou opostos.[57]

De cunho eminentemente liberal, o mercado de ideias se desenvolve em conformidade com as próprias forças dos agentes que nele atuam, dentro de uma esfera em que não é lícito ao Estado, nem a qualquer ente privado, interferir. A ausência de regulação propicia uma enorme desigualdade de acesso à esfera pública, uma vez que grupos economicamente mais fortes podem se organizar em monopólios ou oligopólios para buscar deter os meios de comunicação sociais mais influentes em detrimento dos demais.

A grande maioria das democracias ocidentais fundam seus sistemas de comunicação social na presunção a favor do mercado livre de ideias. O desafio dessas democracias é impedir que os participantes mais

---

56 "...mas há aqui uma diferença nos livros ruins: para o leitor discreto e criterioso, em muitos sentidos, eles servem para descobrir, confundir, elucidar e ilustrar (...) que as opiniões e mesmo os erros, conhecidos, lidos e cotejados todos eles, são de grande utilidade e auxílio para o acesso rápido à verdade mais absoluta" (Milton, 2004, p. 26-27).

57 "Em primeiro lugar, ainda que uma opinião seja votada ao silêncio, essa opinião pode, tanto quanto sabemos, ser verdadeira. Negar isso é pressupor a nossa própria infalibilidade. Em segundo lugar, embora a opinião silenciada esteja errada, pode conter uma porção de verdade, o que frequentemente acontece; e dado que a opinião geral ou prevalecente sobre qualquer assunto raramente ou nunca constitui a verdade por inteiro, é apenas através do conflito de opiniões opostas que o resto da verdade tem alguma hipótese de vir ao de cima. Em terceiro lugar, mesmo que a opinião dominante não seja apenas verdadeira, mas constitua também a verdade por inteiro; a não ser que se deixe que seja vigorosa e honestamente contestada, e a não ser que isso de fato aconteça, será mantida como um preconceito pela maior parte dos que a aceitam, havendo pouca compreensão ou sentimento em relação aos seus fundamentos racionais. E não apenas isso, mas, em quarto lugar, o próprio significado da doutrina estará em perigo de ser perdido, ou enfraquecido, e privado do seu efeito vital sobre o caráter e a conduta; tornando-se o dogma uma mera crença formal, ineficaz para o bem, mas que estorva os fundamentos, e impede o aparecimento de qualquer convicção real e sentida, a partir da razão ou da experiência pessoal" (Stuart Mill, 2011, p. 79).

fortes imponham restrições de acesso que esvaziem a função primordial do mercado de ideias de aclarar a verdade através de um amplo debate com base no confronto de pensamentos divergentes.

Nessa perspectiva, a regulação democrática se mostra fundamental para garantir a igualdade de acesso à esfera pública, de modo que viabiliza o pluralismo externo – pluralidade de meios de comunicação – e interno – diversidade de conteúdo dentro da programação dos meios de comunicação social.

1.2.3 Ação comunicativa

Uma comunicação social praticada sem ruídos e em condições de igualdade de acesso não é suficiente para garantir um debate crítico-racional no âmbito da esfera pública. Reitera-se que o advento da *internet* e das NTICs propiciou, potencialmente, a inclusão de bilhões de pessoas no mercado de ideias, mas isso não se traduziu proporcionalmente em fóruns de discussões que produzissem consensos através do convencimento livre e consciente dos participantes.

Deve-se considerar que o discurso crítico admite apenas a força do melhor argumento como única forma de coação racional.[58] Jürgen Habermas afirma que, na ação comunicativa, cada participante deseja que os demais confiem na validade de suas afirmações desenvolvidas no âmbito simultâneo de três mundos (objetivo, subjetivo e social).[59] Em outras palavras, as pretensões de validade consistem na expectativa de que os outros participantes reconheçam que as proposições do

---

[58] "Esse conceito de racionalidade comunicativa leva consigo conotações que, em última instância, remontam à experiência central da força da fala argumentativa de acordar, de fundar consensos sem coerção, na qual diversos participantes superam suas concepções, de início apenas subjetivas, certificando-se ao mesmo tempo, graças à comunidade das convicções racionalmente motivadas, da unidade do mundo objetivo e da intersubjetividade de seu contexto de vida" (Habermas, 1998, v. I, p. 27, tradução nossa).

[59] Karl Popper (1975, p. 108) distingue três mundos ou universos, a saber "primeiro, o mundo de objetos físicos ou de estados materiais; segundo, o mundo de estados de consciência ou estados mentais, ou talvez de disposições comportamentais para agir; e terceiro, o mundo de conteúdo objetivos de pensamento, especialmente o mundo científico e poéticos e de obras de arte". Por sua vez, Habermas se apoiou no ensinamento de Popper para desenvolver parte de sua teoria, tendo concebido que "todo ato de entendimento pode ser concebido como parte de um processo cooperativo de interpretação que tem em vista as definições da situação intersubjetivamente reconhecidas. Os conceitos dos três mundos servem aí de sistema de coordenadas, pressuposto em comum no qual é possível ordenar os contextos da situação, de tal sorte que se alcança um acordo sobre o que os participantes devem tratar a cada vez como fato, norma válida ou vivência subjetiva" (Habermas, 1998, v. I, p. 61, tradução nossa).

falante satisfazem as condições de validade do discurso racional.[60] A racionalidade da ação comunicativa está justamente na satisfação das pretensões de validade universais suscetíveis de crítica.[61]

O mercado de ideais que se apresenta no mundo globalizado se afasta muito das condições de validade da ação comunicativa de Habermas, sendo válidas as críticas recebidas de Luhmann, pois a realidade que vivenciamos nos parece que o mundo se movimenta muito mais pela ação estratégica em que os participantes, em sua maioria, não estão dispostos a buscar o consenso.[62] No entanto, não podemos esquecer que o Direito também persegue padrões de comportamentos que buscam um justo equilíbrio do subsistema da comunicação social. Quanto mais nos aproximarmos de uma esfera pública embasada na ação comunicativa como meta, mais efetivo será o Direito da Comunicação Social.

Desse modo, a regulação democrática contribui sobremaneira para que o discurso no âmbito da esfera pública se desenvolva dentro de pretensões de validade aceitos na ação comunicativa, que vai ao encontro dos objetivos do próprio Direito. Efetivamente, a atividade regulatória impacta positivamente a relação do emissor com os mundos objetivo, subjetivo e social ao criar condições materiais e formais que conduzem ao entendimento mútuo racionalmente motivado pela força do melhor argumento.

---

60 "Se abstrairmos a boa conformação da expressão simbólica empregada, um ator orientado nesse sentido ao entendimento tem de levantar implicitamente com seu proferimento exatamente três pretensões de validade, a saber, a pretensão – de que o enunciado feito é verdadeiro (ou que as pressuposições de existência de um conteúdo proposicional somente mencionado são cumpridas de fato); – de que o ato de fala é correto em relação a um contexto normativo vigente (ou que o próprio contexto normativo que ele deve satisfazer é legítimo); e – de que a intenção manifesta dos falantes é pensada (*gemeint*) do mesmo modo como é proferida. O falante pretende, portanto, verdade para enunciados ou pressuposições de existência, correção para ações legitimamente reguladas e para seu contexto normativo e veracidade para a enunciação de vivências subjetivas" (Habermas, 1998, v. I, p. 203, tradução nossa).

61 "No caso da ação comunicativa, até mesmo o próprio ponto de partida da interação torna-se dependente de saber se os participantes podem entrar em acordo em um julgamento intersubjetivamente válido de suas relações com o mundo" (Habermas, 1998, v. I, p. 218, tradução nossa).

62 "Esse problema também se apresenta em Habermas, que, por certo, toma todas as precauções necessárias em forma de cláusulas teóricas para que um indivíduo que se compromete em uma comunicação orientada pela informação possa examinar com toda liberdade se é capaz de reconhecer as razões como geralmente obrigatórias. Mas ele o fará? E se o alter se recusar a isso, o ego deveria, no entanto, aceitá-las para si? Coloquemos a questão de outra maneira: quem deveria tomar primeiro o risco de se comprometer no geral – por exemplo, o desarmamento?" (Luhmann, 1998, p. 240).

1.3 Justificação jurídica

Enquanto possibilidade, a atividade regulatória se torna evidente em face da mera existência e aplicabilidade do Direito da Comunicação Social, ramo jurídico que disciplina a liberdade de expressão em sentido amplo,[63] demonstrando, por si só, que o mercado livre de ideias não está isento de regulação.

Efetivamente, o conceito de liberdade é polissêmico, podendo-se concebê-la como a faculdade de pensar, de se expressar e agir de acordo com sua própria consciência (autonomia),[64] isento de interferências estranhas a sua vontade (heteronomia).[65] Essa noção deixa claro que o conhecimento é a matéria-prima de qualquer liberdade humana, partindo-se do pressuposto de que a gestação e desenvolvimento da autonomia pessoal é proporcional ao nível de conhecimento que adquirimos cotidianamente sobre os mais diversos assuntos. O conceito de liberdade oferecido por Gregorio Peces-Barba[66] se insere nesse contexto, na medida que somente de posse de informações suficientes poderemos claramente definir nossas metas, saber de quais meios dispomos e como coordená-los para atingi-las.

Por esse motivo, dentre os diversos direitos de liberdade que o homem desfruta nas sociedades modernas, não há dúvida de que a liberdade de expressão é a liberdade mãe, fonte primeira que sustenta

---

63 "O Direito da Comunicação Social é a ciência jurídica e comunicativa que tem como objetivo estudar as normas e relações jurídicas geradas pela atividade comunicativa pública" (Villar, 2005, p. 38-39, tradução nossa); "[é] ramo do Direito Público que tem por objetivo estudar as normas jurídicas que regulam, em sentido amplo, as relações entre o Estado, meios e a sociedade, bem como, em sentido restrito, os alcances e os limites do exercício das liberdades de expressão e de informação e o direito da informação por qualquer meio" (Villanueva, 2006, p. 10, tradução nossa).

64 "Autonomia da vontade é aquela sua propriedade graças à qual ela é para si mesma a sua lei (independentemente da natureza dos objetos do querer). O princípio da autonomia da vontade é, portanto, não escolher senão de modo que as máximas da escolha estejam incluídas simultaneamente, no querer mesmo, como lei universal" (Kant, 2007, p. 85).

65 "A natureza sensível dos seres racionais em geral é a existência deles debaixo de leis empiricamente condicionadas, o que, para a razão, consequentemente, é *heteronomia*. A natureza suprassensível dos mesmos seres é, por outro lado, a existência deles segundo leis independentes de toda a condição empírica, e que, portanto, pertencem à autonomia da razão" (Kant, 2003, p. 90-91, tradução nossa).

66 "(...) uma condição essencial para a ação, que permite a cada indivíduo alcançar os objetivos e finalidades morais que persegue e que são a expressão da dignidade humana, da sua consideração como um fim em si mesmo, como algo valioso" (Peces-Barba; Asis Roig; Barranco, 2004, p. 135).

as demais.[67] John Milton clamava, com razão, pelo direito de pensar, de se expressar e de argumentar de acordo com a consciência, "acima de todas as liberdades".[68]

Portanto, é a partir da liberdade de expressão que todas as demais liberdades se estabelecem, e não vice-versa. Se todos os indivíduos pudessem expressar livremente seus pensamentos no âmbito do mercado de ideias, haveria um considerável fortalecimento de três princípios estruturantes do ordenamento jurídico dos estados democráticos de direito: o princípio do pluralismo, da dignidade da pessoa humana e o democrático.

Essa conclusão, extraída de mero silogismo, já nos foi contada em prosa e verso por diferentes doutrinadores[69] e tribunais.[70] O certo é que, devidamente fomentados pela liberdade de expressão, esses princípios – doravante denominados "tripé comunicativo" – irradiam-se por todo o ordenamento jurídico, viabilizando o exercício dos inúmeros direitos fundamentais previstos nas cartas constitucionais vigentes atualmente.

Para ilustrar tal relação, imaginamos a liberdade de expressão como um carregador de contato que serve de base a um tripé de metal em que cada haste conduz um dos princípios que iluminarão o exercício dos demais direitos e garantias fundamentais, conforme imagem a seguir:

---

67 "Reconhecemos que a liberdade de opinião e a liberdade de expressar opiniões são necessárias para o bem-estar mental da humanidade (do qual todo o seu restante bem-estar depende)" (Stuart Mill, 2011, p. 79).

68 "Dê-me a liberdade de saber, falar e argumentar livremente de acordo com a minha consciência, acima de todas as outras liberdades" (Milton, 2004, p. 60).

69 "Dedicarei especial atenção à possibilidade de que os controles governamentais sobre os meios de comunicação social, concebidos para garantir a diversidade de pontos de vista e a atenção aos assuntos públicos, ajudariam o sistema de liberdade de expressão. Tais controles poderiam promover tanto a deliberação política como a igualdade política. Em tais reformas, afirmo, reside a melhor esperança para manter a fé nos princípios consagrados do autogoverno democrático nas condições modernas" (Sunstein, 1993, p. 4 , tradução nossa).

70 "O reconhecimento da liberdade de consciência baseia-se no próprio reconhecimento do ser humano como ser racional e autónomo. A protecção do direito a essa liberdade é a base do pluralismo necessário à coexistência numa sociedade democrática, que, como qualquer sociedade, é constituída por indivíduos com convicções e crenças variadas" (CIDH, 2015, tradução nossa).

"A esse respeito, o Tribunal deve recordar que a liberdade de expressão, tal como garantida no parágrafo 1 do Artigo 10 (art. 10-1), constitui um dos fundamentos essenciais de uma sociedade democrática e uma das condições básicas para o seu progresso e para a autorrealização de cada indivíduo. Sujeito ao parágrafo 2 (art. 10-2), é aplicável não apenas a 'informações' ou 'ideias' que sejam recebidas favoravelmente ou consideradas inofensivas ou indiferentes, mas também àquelas que ofendem, chocam ou perturbam. Tais são as exigências desse pluralismo, tolerância e abertura de espírito, sem os quais não existe 'sociedade democrática'" (TEDH, 1986, tradução nossa).

Figura 1 - Tripé comunicativo

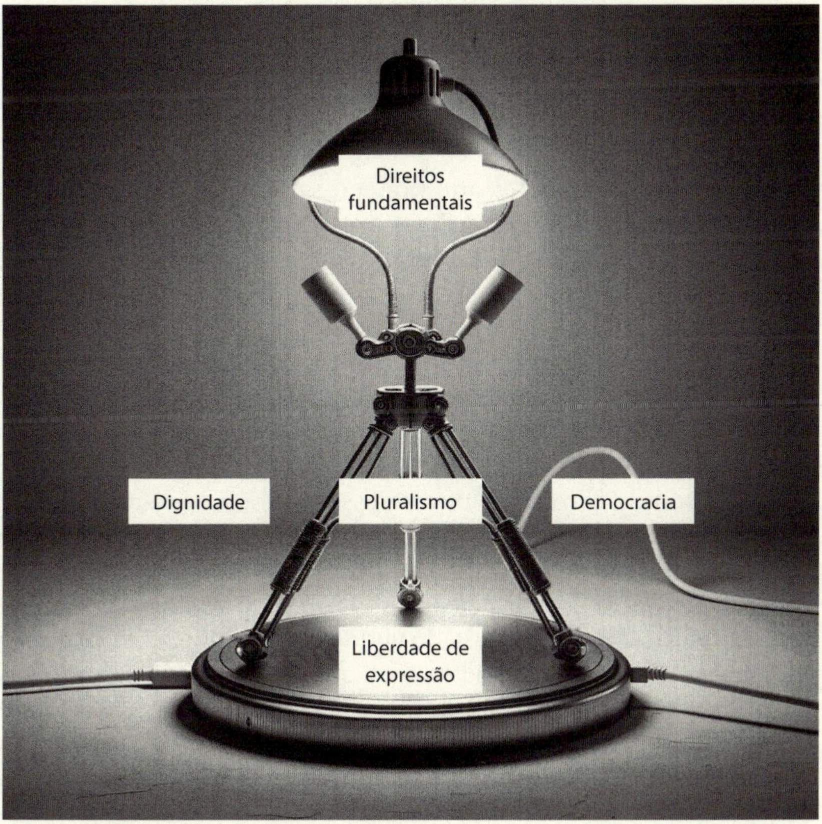

Fonte: Elaboração do autor.

Os três elementos do tripé comunicativo, que repousam sobre o solo fertilmente irrigado pela livre expressão de pensamentos, relacionam-se entre si de forma complexa e dinâmica, de forma que não é possível estabelecer claramente a ordem e a intensidade dessa interação. Contudo, para uma melhor compreensão de como se dá tal relacionamento, partiremos da situação hipotética pensada por John Rawls no momento exato em que as pessoas debatiam sobre o acordo original que regeria a distribuição de bens, direitos e deveres na sociedade.[71]

[71] "Entre as principais características dessa situação está o fato de ninguém conhecer o seu lugar na sociedade, a sua posição, classe ou estatuto social; nem ninguém sabe qual é o

Percebe-se que a imparcialidade pregada pelo autor é garantida pela falta de conhecimento acerca de posições que os acordantes ocupariam na coletividade e de si próprio em determinados aspectos, o que nos leva a pensar numa "posição original de igualdade de ignorância" relativa a certos temas necessários à manutenção da imparcialidade de cada um participante.

Associe-se a esse estado que a discussão se desenvolva em obediência a pretensões de validade habermasianos, em que todas as proposições expressadas correspondam às condições de verdade, sinceridade e correção normativa. Aliás, é justamente a igualdade de ignorância que permite em grande parte o respeito aos requisitos de validade do discurso racional, pois todos estarão imbuídos em alcançar consensos racionalmente produzidos sobre que princípios regerão a futura sociedade.

Partindo exatamente dos primeiros debates, podemos imaginar que todos podiam livremente expressar seus pensamentos em um estado de igualdade de oportunidade para defender seus argumentos.[72] Nesse passo, cada ouvinte começou a se surpreender com a quantidade de ideias diferentes difundidas, mostrando perspectivas diversas sobre os mesmos temas. Não só o resultado obtido mas o processo de formação do consenso eram tão ricos e diversos, que todos transformaram suas próprias preconcepções. Em minutos, a "verdade" era construída e desconstruída, os argumentos se somavam e se confrontavam numa busca incessante pelo melhor, mais racional e moralmente válido na sociedade nascente. A diversidade de opiniões, de consensos e de dissensos, tornava cada participante mais consciente e capaz de se autodeterminar em relação a qualquer tema, inclusive aqueles atinentes ao exercício do poder estatal. O Estado a ser formado, por isso mesmo, tinha o inafastável ônus de seguir a vontade emanada desse processo de convencimento crítico e racional.

Em outras palavras, pode-se afirmar que a garantia de todos a uma ampla liberdade de expressão gera inevitavelmente uma maior diversidade de informações e ideias que caracterizam o pluralismo

---

seu destino na distribuição das vantagens e capacidades naturais, da sua inteligência, da sua força etc. Presumirei mesmo que os próprios membros do grupo não conhecem as suas concepções sobre o bem, nem as suas tendências psicológicas especiais. Os princípios da justiça são escolhidos por trás de um véu de ignorância" (Rawls, 2006, p. 25, tradução nossa).

72 "Parece agora que a igualdade na liberdade de consciência é o único princípio que as pessoas na posição original podem reconhecer" (Rawls, 2006, p. 197, tradução nossa).

social. Por sua vez, a sociedade plural em constante processo de interação comunicativa produz condições necessárias para que cada indivíduo possa, de forma autônoma e consciente, adotar pensamentos e ações racionais e moralmente válidos. A pluralização dos debates sobre os diversos temas de interesse sociais culmina com a realização mais intensa do princípio da dignidade da pessoa humana.[73] Por conseguinte, pessoas autônomas estão mais capacitadas para a formação da vontade popular, seja para escolher seus representantes, seja para se manifestar sobre qualquer assunto de interesse público, exercendo verdadeiro controle sobre os atos do governo e da própria sociedade. Assim, o princípio democrático se revitaliza através da contínua contribuição das ideias lançadas na esfera pública por pessoas conscientes.

Em suma, o livre exercício da liberdade de expressão em sentido amplo potencializa o pluralismo social que, por sua vez, propicia a produção de condições ideais para a formação digna dos cidadãos, que, por consequência última, passam a exercer uma participação democrática de forma mais ativa e consciente.

---

[73] "(...) qualidade inerente à pessoa, que se manifesta principalmente na determinação consciente e responsável da própria vida, e que traz consigo o desejo de ser respeitado pelos outros e por si mesmo" (Calzadilla, 1999, p. 58-59, tradução nossa).

CAPÍTULO 2

DELIMITAÇÃO DA REGULAÇÃO DE CONTEÚDO

2.1 Conceito de regulação de conteúdo

Entendemos a regulação democrática da comunicação social[74] como a atividade de ordenação e direcionamento do mercado de ideias através da atuação do poder público, entidades privadas e sociedade civil com o fim de assegurar as condições necessárias para o livre exercício da liberdade de expressão em sentido amplo e, consequentemente, o fomento do tripé comunicativo, viabilizando a formação da esfera pública como espaço de efetivo debate crítico e racional sobre temas de interesses sociais.

A participação do poder público, dos agentes econômicos privados e da população é fundamental para configurar a natureza democrática da regulação da comunicação social, independente do modelo adotado por cada Estado, se legislação, autorregulação e/ou corregulação.[75]

---

[74] José García (1998, p. 28, tradução nossa) a define como "o conjunto de poderes exercidos pelos poderes públicos ou pelos próprios meios (autocontrole) que determinam tanto as condições nas quais deve se desenvolver a atividade desses (controle prévio), segundo parâmetros e princípios constitucionais, como a verificação ou comprovação por parte destes (poderes públicos e próprios meios) de que a atuação dos meios de comunicação se desenrola conforme os referidos parâmetros e princípios constitucionais (controle *a posteriori*), com o fim de garantir os direitos e liberdades fundamentais imbricados no direito de liberdade de consciência".

[75] O modelo regulatório deve ser o mais adequado e eficaz para a realidade de cada Estado, conforme bem orienta o considerando 44 da Diretiva nº 2010/13/UE do Parlamento Europeu e do Conselho: "Na sua comunicação ao Parlamento Europeu e ao Conselho intitulada 'Legislar melhor para o crescimento e o emprego na União Europeia', a Comissão sublinhou a necessidade de uma análise cuidadosa da abordagem legislativa adequada,

Não custa recordar que ordenar e direcionar envolvem as atividades legislativa, executiva e judiciária, isto é, o poder de criação de normas, o de verificação do cumprimento das metas e correção de eventuais distorções, sendo fundamental que os sujeitos atuem ativamente em todo esse processo para que não se perca o viés democrático.[76]

A atividade regulatória no campo da comunicação social ocorre com frequência e pode se centrar diretamente em um ou mais elementos básicos da comunicação,[77] tanto os periféricos (emissor, receptor, canal e código) como os nucleares ou centrais (sentido e referência).[78] A delegação dos serviços de radiodifusão é um típico controle embasado no emissor, ao passo que a obrigatoriedade do uso de vernáculo nacional se refere ao código.[79] Por sua vez, a restrição de conteúdos pornográficos a incapazes nitidamente tem foco no receptor associado ao sentido

---

que deverá determinar em especial se, para um dado sector ou problema, a legislação é a solução preferível ou se devem ser consideradas alternativas como a co-regulação ou a auto-regulação. Além disso, a experiência tem mostrado que a aplicação de instrumentos quer de co-regulação, quer de auto-regulação, de acordo com as diferentes tradições jurídicas dos Estados-Membros, pode contribuir de forma importante para garantir um elevado nível de protecção dos consumidores. As medidas destinadas a atingir objectivos de interesse público no sector emergente dos serviços de comunicação social audiovisual são mais eficazes quando são tomadas com o apoio activo dos próprios fornecedores de serviços. Assim, a auto-regulação constitui um tipo de iniciativa voluntária que oferece aos operadores económicos, aos parceiros sociais, às organizações não governamentais e às associações a possibilidade de adoptarem orientações comuns entre si e para si" (European Parliament, 2010).

76 A Lei nº 11.652/2008 do Brasil prevê expressamente a participação da sociedade no controle dos princípios que regem a radiodifusão: "Art. 2º A prestação dos serviços de radiodifusão pública por órgãos do Poder Executivo ou mediante outorga a entidades de sua administração indireta deverá observar os seguintes princípios (...).

(...)

IX - participação da sociedade civil no controle da aplicação dos princípios do sistema público de radiodifusão, respeitando-se a pluralidade da sociedade brasileira" (Brasil, 1966).

77 "Para se ter uma idéia geral dessas funções, é mister uma perspectiva sumária dos fatores constitutivos de todo processo lingüístico, de todo ato de comunicação verbal, O REMETENTE envia uma MENSAGEM ao DESTINATÁRIO. Para ser eficaz, a mensagem requer um CONTEXTO a que se refere (Ou "referente", em outra nomenclatura algo ambígua), apreensível pelo destinatário, e que seja verbal ou suscetível de verbalização; um CÓDIGO total ou parcialmente comum ao remetente e ao destinatário (ou, em outras palavras, ao codificador e ao decodificador da mensagem); e, finalmente, um CONTACTO, um canal físico e uma conexão psicológica entre o remetente e o destinatário, que os capacite a ambos a entrarem e permanecerem em comunicação" (Jakobson, 2007, p. 121-122).

78 A divisão em elementos periféricos e centrais objetiva facilitar a continuidade de nossa análise, uma vez que formulamos uma metodologia regulatória que busca, em obediência ao princípio da necessidade, uma proteção gradativa de qualquer interferência na esfera própria de atuação da liberdade de expressão.

79 "Artigo 44º Defesa da língua portuguesa

1 - As emissões devem ser faladas ou legendadas em português, sem prejuízo da eventual utilização de qualquer outra língua quando se trate de programas que preencham neces-

e à referência. Frequentemente um ato que vise diretamente um elemento pode vir a interferir indiretamente em outro, como a restrição de reencaminhamento de mensagens virais através do WhatsApp[80] afeta diretamente o canal e indiretamente o emissor e receptor.

Dentro desse leque de possibilidades, importa delimitar o que se entende por conteúdo ou valor semântico da comunicação, justamente para chegarmos à concepção de regulação do conteúdo. No âmbito da linguagem verbal, Frege entendeu que o conteúdo é constituído pela referência e o seu sentido:[81] o primeiro é o objeto a que a sentença ou seus componentes (nome e termo conceitual) se referem; o segundo é o modo de apresentação do objeto designado.[82] O referido autor tinha ciência da existência de sentenças que não possuíam referência, e por isso deixou claro que seu estudo se dirigia primordialmente ao que chamou de "pensamento", ou conteúdo asserível (que pode ser declarado verdadeiro),[83] que consiste no sentido da sentença,[84] em que se pressu-

sidades pontuais de tipo informativo, destinados ao ensino de idiomas estrangeiros ou especialmente dirigidos a comunidades de imigrantes.
2 - Os serviços de programas televisivos de cobertura nacional, com excepção daqueles cuja natureza e temática a tal se opuserem, devem dedicar pelo menos 50 % das suas emissões, com exclusão do tempo consagrado à publicidade, televenda e teletexto, à difusão de programas originariamente em língua portuguesa" (Portugal, 2007).

80 Para [...], 2020.

81 "Aqui, a noção de conteúdo (*Inhalt*), sistematicamente empregada em obras anteriores, é decomposta em sentido (*Sinn*) e referência (*Bedeutung*). Desse modo, toda expressão (isto é, nome próprio, termo conceituai, sentença) expressa um sentido e designa um referente. O referente de uma expressão é aquilo que ela designa" (Frege, 2009, p. 27). "De modo geral, o sentido e a referência são os dois componentes semânticos indispensáveis para dar conta da expressividade ou conteúdo das expressões" (Frege, 2009, p. 27-28).

82 "(...) unido a um sinal (nome, combinação de palavras, letras), além daquilo por ele designado, que pode ser chamado de sua referência (*Bedeutung*), ainda o que eu gostaria de chamar de o sentido (*Sinn*) do sinal, onde está contido o modo de apresentação do objeto" (Frege, 2009, p. 131).

83 "ou 'conteúdo ajuizável' ou 'conteúdo que pode se tornar um juízo' ou ainda por 'conteúdo asserível', solução aqui seguida. Por *beurteilbare Inhalte,* Frege (2009, p. 118) se refere aos conteúdos que podem ser objeto de uma asserção, que podem ser asseridos, que podem ser declarados verdadeiros, mas que ainda não o foram. Um conteúdo asserível é aquilo que constitui o objeto sobre o qual se exerce o ato de julgar. E só esses Frege qualifica de *beurtei/bare Inhalte*. Pelo que vimos, Frege exclui do domínio dos conteúdos asseríveis (*beurteilbare lnhalte*) tanto o conteúdo asserido (que ele denomina de *Urteil*, "juízo") como os conteúdos não asseríveis, isto é, conceitos isolados. Com isso, não se pode traduzir *beurteilbarer Inhalt* por "conteúdo asserido", "conteúdo de juízo' ou "conteúdo proposicional". Por fim, importa dizer que a noção de conteúdo asserível aparece nas primeiras obras de Frege, sendo utilizada até 1891. Depois dessa data, o termo veio a ser substituído pela dicotomia *Gedanke*, "pensamento", e *Wahrheitswert*, "valor de verdade", como ele nos revelou anteriormente.

84 "O pensamento, portanto, não pode ser a referência da sentença pelo contrário, deve ser considerado como seu sentido" (Frege, 2009, p. 137).

põe uma referência,[85] justamente porque ele buscava as sentenças que podiam ser confirmadas ou negadas, segundo o seu valor de verdade.[86]

Novas perspectivas foram desenvolvidas por Wittgenstein, Austin[87] e Searle, o que permite delimitar o conteúdo da sentença levando-se em consideração a tripartite divisão dos atos da fala em atos de emissão, proposicionais e ilocucionários, proposta pelo último autor.[88] Desse modo, pode-se afirmar que o conteúdo de uma sentença compreende o seu sentido e referência, sendo esse um elemento não obrigatório, de modo que se deve observar que:

1. Nos atos de emissão, o conteúdo se restringe ao sentido, já que não há referência.
2. Nos atos proposicionais, a teoria de Frege é plenamente aplicável, pois o conteúdo de uma frase – incluindo seus componentes, como nome próprio e termo conceitual – deriva tanto do sentido (a maneira como é expressa) quanto da referência (o objeto a que se refere). Importante notar que a referência da sentença como um todo é o seu valor de verdade.

---

[85] "Respondo que não é nossa intenção falar da nossa idéia de lua, nem nos contentamos apenas com o sentido quando dizemos 'a lua'; pelo contrário, pressupomos uma referência" (Frege, 2009, p. 136).

[86] "O pensamento perde valor para nós tão logo reconhecemos que a referência de uma de suas partes está faltando. Estamos assim justificados por não ficarmos satisfeitos apenas com o sentido de uma sentença, sendo assim levados a perguntar também por sua referência. Mas por que queremos que cada nome próprio tenha não apenas um sentido, mas também uma referência? Por que o pensamento não nos é suficiente? Porque estamos preocupados com seu valor de verdade. O que nem sempre é o caso" (Frege, 2009, p. 138).

[87] "Durante muito tempo, os filósofos pressupuseram que o papel de um 'enunciado' só pode ser "descrever" algum estado de coisas, ou 'declarar algum fato', com verdade ou falsidade" (Austin, 1982, p. 41, tradução nossa); "se podem achar expressões que satisfazem esses requisitos e que, sem embargo: A) não 'descrevem' ou 'registram' nada, e não são 'verdadeiras ou falsas'; e B) o ato de expressar a oração é realizar uma ação, ou parte dela, ação que por sua vez não seria normalmente descrita como consistente em dizer algo" (Austin, 1982, p. 41; 45-46, tradução nossa).

[88] "Atribuamos agora nomes a esses atos sob a rubrica geral de atos de fala:
a) Emitir palavras (morfemas, orações) = realizar atos de emissão.
b) Referir e predicar = realizar atos proposicionais.
e) Enunciar, perguntar, mandar, prometer, etcétera = realizar atos ilocucionários.
(...) e é óbvio que se pode realizar um ato de emissão sem realizar em absoluto um ato proposicional ou um ato ilocucionário (...). Os atos de emissão consistem simplesmente em emitir sequências de palavras. Os atos ilocucionários e proposicionais consistem caracteristicamente em emitir palavras dentro de orações, em certos contextos, sob certas condições e com certas intenções (...). A emissão de uma expressão referencial apenas é contada como referencial se se diz algo através dela" (Searle, 1994, p. 32-34, tradução nossa).

3. Nos atos ilocucionários, a referência é a ação que se pretende realizar através da fala.[89] Efetivamente, a força ilocucionária imposta pelo emissor é referencial que nos interessa para complementar o sentido da sentença. A referência aqui não é sobre a relação entre palavras e o mundo, mas sobre a intenção comunicativa por trás dos sinais expressos(sentido).

Em síntese, o conteúdo dos atos de emissão se restringe ao mero sentido da sentença, pois o destinatário está focado na expressão verbal ou escrita em si, independentemente de um referencial semântico ou de intenção comunicativa. De maneira similar, o conteúdo do ato ilocucionário é o produto da combinação do sentido do enunciado e da ação subjacente por ele designada, que é o seu referente.[90]

O interesse pela referência do conteúdo dos atos ilocucionários visa especificamente limitar a atividade regulatória, considerando que a interferência do regulador na intenção do emissor desses atos é percebida como um controle sobre o conteúdo.

Isso é aplicável tanto na linguagem verbal quanto na não verbal, pois mais importante do que o tipo de linguagem utilizada é o conteúdo que se deseja transmitir.[91] Portanto, se uma mensagem não verbal, como uma charge pura e simples sem qualquer signo linguístico, difundir um significado pornográfico que esteja em desacordo com a lei, obviamente poderá ser objeto de regulação.[92] Os atos não verbais seguem a mesma

---

[89] "Não há, portanto, dois estudos semânticos distintos e irredutíveis: por um lado, um estudo dos significados de orações e por outro, um estudo das realizações dos atos de fala. Pois, da mesma maneira que faz parte de nossa noção do significado de uma oração, e que uma emissão literal dessa oração com esse significado em um determinado contexto constitui a realização de um ato de fala particular, assim também faz parte de nossa noção de ato de falar uma oração (ou orações) possível; a emissão de qualquer uma, em determinado contexto, constituiria, em virtude de seu significado(s), uma realização desse ato de falar" (Searle, 1994, p. 27, tradução nossa).

[90] "As sentenças assertóricas podem ser verdadeiras ou falsas. Através da sua análise, a semântica da verdade mostrou a conexão interna que existe entre significado e validade. Com frases performativas, o falante realiza um ato dizendo algo. Através de sua análise, a teoria dos atos de fala mostrou a conexão interna que existe entre fala e ação. As sentenças performativas não podem ser verdadeiras nem falsas; mas os atos praticados por ele podem ser entendidos como complementos de preceitos (como 'você deve ajudar A')" (Habermas, 1992, v. II, p. 92, tradução nossa).

[91] Segundo Frege (2009, p. 25, citação 57), "não é propriamente a sentença que importa quando falamos, mas o sentido ou conteúdo vinculado à sentença e que se procura comunicar".

[92] A Suprema Corte norte-americana tratou como liberdade de expressão o caso de um adolescente que queimou uma cruz no jardim de uma família negra em Minnesota, que é um ato que simboliza historicamente a Ku Klux Klan (US, 1992).

lógica dos verbais, uma vez que podem desempenhar as funções de atos de emissão, proposicionais e ilocucionários.

Importa ressaltar que os atos de fala que possuem referência (proposicionais e ilocucionários) não se excluem mutuamente.[93] A sentença assertiva contém necessariamente a intenção de declarar algo no mundo, no entanto, é perfeitamente possível que o agente a utiliza para outros fins,[94] como para ameaçar, solicitar, prometer, ordenar etc. Desse modo, o referente de um enunciado engloba tanto o seu valor de verdade como a intenção subjacente do emissor. Ambos devem ser observados simultaneamente pelo regulador como componentes do conteúdo da mensagem.

Assim, podemos concluir que a regulação de conteúdo se faz presente todas as vezes em que a atividade regulatória recaia sobre o sentido e/ou referência dos atos de fala, seja através da linguagem verbal ou não verbal. Tal regulação se caracteriza quando há a afetação direta (regulação em razão do conteúdo) ou indireta (conteúdo neutral)[95] dos elementos nucleares da comunicação. Na última hipótese, apesar de parecer referir-se a elementos periféricos, uma análise mais detalhada revela que o foco principal é regular o conteúdo.

2.2 Regulação de conteúdo e censura

A regulação de conteúdo encontra seu contraponto na censura, havendo situações em que a linha divisória entre ambas não é de fácil

---

[93] "Admitimos, aliás, que para realizar um ato ilocucionário é necessário realizar um ato locucionário" (Searle, 1994, p. 158, tradução nossa).

[94] "Já que toda oração significativa pode ser usada, em virtude do seu significado, para realizar um ato de fala específico (ou gama de atos de fala), e uma vez que a todo possível ato de fala pode, em princípio, dar-se-lhe uma formulação exata em uma oração ou orações (supondo um contexto de emissão apropriado), o estudo dos significados das orações e o estudo de atos de fala não são dois estudos independentes, mas sim um estudo de dois pontos de vista diferentes" (Searle, 1994, p. 28, tradução nossa).

[95] "(a) Dado que as leis baseadas no conteúdo visam o discurso com base no seu conteúdo comunicativo, são presumivelmente inconstitucionais e só podem ser justificadas se o governo provar que são estreitamente adaptadas para servir interesses imperiosos do Estado (...). A regulação do discurso é baseada no conteúdo se uma lei se aplicar a um determinado discurso devido ao tópico discutido ou à ideia ou mensagem expressa (...). Quer as leis definam o discurso regulamentado por um assunto específico ou pela sua função ou propósito, elas estão sujeitas a um escrutínio rigoroso. O mesmo se aplica a leis que, embora aparentemente neutras em termos de conteúdo, não podem ser 'justificadas sem referência ao conteúdo do discurso regulamentado', ou foram adotadas pelo governo 'por causa de desacordo com a mensagem' transmitida" (UN, 2015).

percepção. Uma não sobrevive sem a outra. Buscar o perfeito equilíbrio nessa balança de dois pratos é a chave para obter uma comunicação de qualidade.

É preciso, pois, que não se confundam tais institutos, como fazem alguns defensores do livre mercado de ideais que, usando de certa dose de má-fé, tacham de censura toda e qualquer ato de interferência na circulação de mensagens. Há de se ter em mente que regular não é censurar e vice-versa. No entanto, quais são as fronteiras entre ambas? Onde termina uma e começa a outra?

As respostas a esses questionamentos passam pela construção de parâmetros regulatórios mais claros e objetivos para evidenciar os limites fronteiriços entre ambas. Partimos da premissa de que a censura é uma forma deturpada de regulação restritiva de conteúdo. Por conseguinte, é primordial diferençá-las para fundamentar a legitimidade da própria atividade regulatória e estruturar sua aplicabilidade.

Inicialmente é crucial destacar, para regular o conteúdo, existem duas estratégias corretivas: ampliar o fluxo de mensagens para pluralizar o debate ou restringir a difusão de mensagens com conteúdo sensíveis. Assim, a melhor forma de demarcar a linha divisória entre a censura e a regulação passa pela análise do relacionamento de ambas no âmbito de cada uma dessas formas de atuação.

2.2.1 Regulação ampliativa

Tanto a regulação como a censura consistem em ações que interferem na circulação das mensagens no âmbito da esfera pública; contudo, historicamente a finalidade e o próprio conceito delas são diametralmente opostos.

A censura é encontrada desde o teatro grego[96] e se torna uma prática institucionalizada pela igreja e monarquias absolutistas na Idade Média. Nesse período, sua concepção foi construída com base na restrição apriorística da circulação da mensagem,[97] uma vez que se entendiam como insuficientes as medidas judiciais posteriores para

---

96 Segundo Marcos Bitelli (2004, p. 222), a prática censória é tão antiga quanto o início da expressão dirigida ao público. Sua origem remonta à Grécia com o surgimento do teatro em 600 a.C., sendo que, por volta de 440 a.C., surgiu a primeira lei que coibia o uso de elocuções grosseiras.

97 "O 'prévio exame oficial' do conteúdo da obra do espírito de que falou este Tribunal em seu STC 52/1983 implica a submissão de publicação a prévio controle público cuja finalidade é julgar a obra em questão de acordo com determinados valores abstratos e restritivos da

reparação dos danos em face da produção em massa da informação proporcionada pela invenção da imprensa por Gutemberg no século XV.[98] Por isso mesmo, a luta contra a censura se limitava à luta contra a autorização prévia para publicação.[99] Essa concepção originária se transformou com o passar dos tempos para albergar as restrições anteriores e posteriores à difusão do conteúdo – desde que se comprove o claro e iminente dano para a sociedade –,[100] pois não se pode negar que penalizações pecuniárias vultosas, ainda que posteriores, podem causar um efeito inibidor futuro da liberdade de imprensa.[101]

Enquanto os meios impressos se libertaram das garras da censura e de qualquer autorização prévia estatal há séculos,[102] transformando-se, atualmente, num setor objeto de pouca regulação, a radiodifusão já nasceu de mãos dadas com a atividade regulatória, em face da escassez

---

liberdade, de modo que é concedida permissão para a publicação da obra que lhe convém na opinião do censor e é negada no caso contrário" (España, 1985, tradução nossa).

98 Desantes Guanter (1977, p. 55, tradução nossa) informa que: "A invenção da imprensa, com a finalidade de reproduzir cópias, coloca um novo problema, que, para a França, foi estudado por Chauvet, e, para a Espanha, por Palau e Dulcet. Com efeito, a ampla e massiva divulgação dos escritos torna insuficientes as medidas judiciais *a posteriori*, ou pelo menos são consideradas como tal – pois intervêm quando foi causado um possível dano e com pouca eficácia prática para repará-lo – e, juntas, surge-lhes a instituição da censura prévia, que acaba por se estender não só aos livros, mas também sucessivamente, como diz Lendre, aos panfletos."

99 Dworkin (2019, tradução nossa) nos informa que a tradicional concepção inglesa de liberdade de expressão, repassada aos norte-americanos, tinha como expoente "William Blackstone, o jurista inglês do século XVIII que os advogados americanos tratavam como o oráculo do *common law*. Blackstone "declarou que o direito à liberdade de expressão do *common law* era apenas um direito contra o que ele chamava de 'censura prévia'. Ele disse que o governo não deveria impedir os cidadãos de postarem o que quisessem, mas era livre para puni-los após a publicação se o que postaram fosse ofensivo ou perigoso".

100 Segundo Dworkin (2019, tradução nossa): "Na década de 1960, as importantes opiniões de Holmes e Brandeis se tornariam ortodoxia. A antiga concepção de que a Primeira Emenda pretendia condenar apenas a censura prévia foi substituída por uma concepção muito diferente, resumida na famosa fórmula de Holmes: a de que o governo só poderia punir o discurso político quando esse discurso envolvesse um 'perigo claro e real' para a sociedade."

101 Nos debates que envolveram a famosa decisão da Suprema Corte norte-americana no caso NY times *versus* Sullivan, percebe-se que os juízes tinham ciência de que havia multas de valores excessivos por difamação que ameaçam a continuidade das empresas de comunicação, conforme se vê pelas palavras do juiz Black: "O veredicto de meio milhão de dólares dá, no entanto, uma prova dramática de que as leis estatais sobre difamação ameaçam a própria existência de uma imprensa americana suficientemente viril para publicar opiniões impopulares sobre assuntos públicos e suficientemente ousada para criticar a conduta dos funcionários públicos" (UK, 1964, tradução nossa).

102 Segundo Porfírio Asenjo, o primeiro ato que implicou o reconhecimento da liberdade de expressão foi manifestado pelo Parlamento inglês em 1695, ao não renovar a Lei de Licenciamento da Imprensa, de 1662 (Licensing of the Press Act 1662) (Barroso; Talavera, 1998, p. 56).

do espectro eletromagnético –[103] então o único meio para propagar suas emissões –, que obrigou o Estado a impor normas para sua utilização a um número sempre excedente de interessados. Regular era preciso para que o serviço de radiodifusão tivesse condições mínimas de funcionamento.

Obviamente que o Estado, chamado a regular por causa da inicial escassez do espaço eletromagnético, só poderia utilizar critérios de interesse público na ordenação e distribuição desse espaço, como o fomento ao pluralismo,[104] a defesa de língua e cultura nacional e regional etc. Após o aparecimento de novas tecnologias que permitiram a radiodifusão digital, por satélite e por cabo, o argumento inicial da escassez do espectro perdeu força. Apesar disso, a necessidade de regulação do mercado ainda persistia, tendo apenas mudado seu fundamento: possibilitar igualdade de oportunidade de acesso ao mercado de ideias para fomentar o tripé comunicativo.

Esse breve olhar histórico nos revela que a censura sempre esteve ligada a uma restrição da circulação de certas mensagens no âmbito do mercado de ideias com o fito de preservar determinados pensamentos contra pontos de vistas antagônicos, ao passo que a regulação nasceu e se desenvolveu com a finalidade de ordenação da esfera pública para viabilizar condições mínimas para o livre exercício da liberdade de expressão.

Na censura, há a intenção de restringir-se a difusão de determinados tipos de mensagens em favor de outras que se pretende consolidar, ao passo que, na regulação de conteúdo ampliativa, objetiva-se proporcionar um maior fluxo de mensagens divergentes.[105] Uma impede a circulação de determinadas mensagens para evitar o debate

---

103 "A prática regulatória no domínio dos meios de comunicação social tem assentado na distinção entre a imprensa escrita e os meios de comunicação audiovisual, assumindo particular relevo, bem ou mal, a escassez do espectro (*scarcity rationale*)" (Machado, 2002, p. 884).

104 A escassez do espectro eletromagnético foi o fundamento para a implementação da "Fairness doctrine" pela FCC norte-americana, doutrina que foi confirmada pela Suprema Corte e que obrigava os meios de comunicação a dar espaço para pontos de vista diferentes daqueles veiculados em sua programação: "O tribunal disse: devido à escassez de frequências de rádio, o governo está autorizado a impor restrições aos licenciados em favor de outros cujas opiniões devam ser expressas nesse meio único" (Ruane, 2011, p. 5, tradução nossa).

105 "A proibição estabelecida relativamente à censura funciona como um limite de controle, não sendo confundida nem entendida como uma intervenção para restringir ou impedir o desenvolvimento e exercício desses direitos e liberdades fundamentais; pois o controle deveria significar o oposto; isto é, a garantia do seu exercício pleno, real e eficaz" (García, 1998, p. 21-22, tradução nossa).

crítico-racional sobre temas específicos; a outra, abre espaço para a divergência, elevando a qualidade da discussão pública.

2.2.2 Regulação restritiva

Contudo, há situações excepcionais em que a regulação também ocasionará uma restrição no fluxo de mensagens, e por essa razão a denominamos "regulação restritiva". Verdadeiramente, esse é o único ponto de contato entre a censura e a atividade regulatória de conteúdo. Nesse caso como se pode distingui-las? E a resposta se dá por exclusão: a regulação restritiva recai sobre as mensagens com conteúdo sensíveis, ao passo que qualquer limitação nas demais mensagens (de conteúdo não sensível) configura censura.

Em linhas gerais, denominamos de "conteúdo sensível" as matérias consolidadas ao longo de nossa história decorrente de valores morais construídos culturalmente que são reconhecidas expressamente no ordenamento jurídico nacional e internacional. A difusão de tais conteúdos representa elevado grau de lesividade a bens jurídicos individuais e coletivos, pondo em risco iminente especialmente a dignidade da pessoa humana e a segurança da sociedade como um todo, em contrapartida, são temas de reduzido valor para o debate crítico racional, não sendo possível mitigá-los por medidas corretivas pluralizantes.

Os conteúdos sensíveis são inadmissíveis tanto no modelo que adota a presunção em favor do mercado (o liberal), quanto no intervencionista. Os Estados Unidos, país ícone na prática neoliberal, averso à regulação da comunicação social, permite a restrição de assuntos com conteúdo obsceno, indecente, lascivo, imundo, excessivamente violento, perturbador, ou de outro modo ofensivo, conforme acentuamos.

A Convenção Interamericana de Direitos, em seu artigo 13, garante amplamente a liberdade de expressão, no entanto, ressalva a necessidade de assegurar a proteção da segurança nacional, da ordem pública, ou da saúde ou da moral públicas, da moral da infância e da adolescência, e da propaganda a favor da guerra, bem como toda apologia ao ódio nacional, racial ou religioso que constitua incitamento à discriminação, à hostilidade, ao crime ou à violência.[106]

---

[106] "Artigo 13 - Liberdade de pensamento e de expressão
1. Toda pessoa tem o direito à liberdade de pensamento e de expressão. Esse direito inclui a liberdade de procurar, receber e difundir informações e idéias de qualquer natureza, sem

A Convenção Europeia de Direitos Humanos, em seu artigo 10.2, permite a restrição da liberdade de expressão para preservar a segurança nacional, a integridade territorial ou a segurança pública, a defesa da ordem e a prevenção do crime, a proteção da saúde ou da moral, a proteção da honra ou dos direitos de outrem, para impedir a divulgação de informações confidenciais, ou para garantir a autoridade e a imparcialidade do poder judicial.[107] Já a Diretiva nº 2010/13/UE do Parlamento Europeu e do Conselho proíbe a veiculação de mensagens que possam prejudicar física, mental ou moralmente os menores, especialmente as que contenham pornografia e violência gratuitas,[108] bem como dá direito à derrogação, em caso de retransmissão que incentive o discurso de ódio ou afete a segurança pública, saúde pública e segurança nacional etc.[109]

---

considerações de fronteiras, verbalmente ou por escrito, ou em forma impressa ou artística, ou por qualquer meio de sua escolha.
2. O exercício do direito previsto no inciso precedente não pode estar sujeito à censura prévia, mas a responsabilidades ulteriores, que devem ser expressamente previstas em lei e que se façam necessárias para assegurar: (...)
b) a proteção da segurança nacional, da ordem pública, ou da saúde ou da moral públicas (...)
4. A lei pode submeter os espetáculos públicos à censura prévia, com o objetivo exclusivo de regular o acesso a eles, para proteção moral da infância e da adolescência, sem prejuízo do disposto no inciso 2.
5. A lei deve proibir toda propaganda a favor da guerra, bem como toda apologia ao ódio nacional, racial ou religioso que constitua incitamento à discriminação, à hostilidade, ao crime ou à violência" (Departamento de Assuntos Jurídicos Internacionais, 2005).

107 "Artigo 10º (...)
2. O exercício destas liberdades, porquanto implica deveres e responsabilidades, pode ser submetido a certas formalidades, condições, restrições ou sanções, previstas pela lei, que constituam providências necessárias, numa sociedade democrática, para a segurança nacional, a integridade territorial ou a segurança pública, a defesa da ordem e a prevenção do crime, a protecção da saúde ou da moral, a protecção da honra ou dos direitos de outrem, para impedir a divulgação de informações confidenciais, ou para garantir a autoridade e a imparcialidade do poder judicial" (Tribunal Europeu dos Direitos do Homem, [1950]).

108 "Artigo 27º.
1. Os Estados-Membros tomarão as medidas apropriadas para assegurar que as emissões televisivas dos organismos de radiodifusão sob a sua jurisdição não incluam quaisquer programas susceptíveis de prejudicar gravemente o desenvolvimento físico, mental ou moral dos menores, nomeadamente programas que incluam cenas de pornografia ou de violência gratuita" (European Parliament, 2010, tradução nossa).

109 O art. 3º, 4, da Diretiva nº 2010/13/UE prescreve: "No que se refere aos serviços de comunicação social audiovisual a pedido, os Estados-Membros podem tomar medidas derrogatórias do n 1º em relação a determinado serviço caso sejam preenchidas as seguintes condições:
a) As medidas serem:
i) necessárias por uma das seguintes razões:
– defesa da ordem pública, em especial a prevenção, a investigação, a detecção e a repressão de actos criminosos, incluindo a protecção de menores e a luta contra o incitamento ao ódio fundado na raça, no sexo, na religião ou na nacionalidade, e contra as violações da dignidade da pessoa humana,

A Lei de Comunicação inglesa (Communications Act 2003) prevê, de um modo geral, o rechaço a mensagens ofensivas e prejudiciais, com a possibilidade de revogação da concessão quando o concessionário não obedecer às condições legais, reconhecendo urgência na revogação quando colocar em iminente risco à segurança pública, saúde pública e segurança nacional.[110] O regulador inglês (Office of Communications – OFCOM) elaborou um código da radiodifusão com base primordialmente na Lei de Comunicação e na Lei de Radiodifusão (Broadcasting Act 1996), em que detalha diversos aspectos da regulação de conteúdo, devotando seções específicas para tratar da proteção dos menores de 18 anos (Seção 1); das mensagens ofensivas e prejudiciais (Seção 2); da incitação ao cometimento de crime e desordem e do discurso de ódio, abusivo e depreciativo contra indivíduos e grupos (Seção 3).[111]

A Lei de Televisão de Portugal estabeleceu como limites à liberdade de programação a proteção da dignidade da pessoa humana, a proibição do discurso de ódio e o prejudicial a crianças e adolescentes.[112]

– protecção da saúde pública,
– segurança pública, incluindo a salvaguarda da segurança e da defesa nacionais" (European Parliament, 2010, tradução nossa).

110 "Seção 3 Deveres gerais da OFCOM
(2) (...)
(e) a aplicação, no caso de todos os serviços de televisão e rádio, de padrões que proporcionem proteção adequada ao público contra a inclusão de material ofensivo e prejudicial em tais serviços; Seção 159 Revogação ou modificação (...)
5 A OFCOM pode revogar ou modificar uma concessão de acesso reconhecido ao espectro, ou as restrições ou condições a que tal concessão está sujeita, por meio de notificação à pessoa a quem a concessão foi feita.
(7) Um caso é urgente se a falha em revogar ou modificar a concessão resultar em, ou criar um risco imediato de – (a) uma ameaça séria à segurança do público, à saúde pública ou à segurança nacional (...)" (Communications [...], 2003).

111 OFCOM, 2020.

112 "Artigo 27.º Limites à liberdade de programação
1 - A programação dos serviços de comunicação social audiovisual deve respeitar a dignidade da pessoa humana, os direitos específicos das crianças e jovens, assim como os direitos, liberdades e garantias fundamentais. 2 - Os serviços de comunicação social audiovisual não podem, através dos elementos de programação: a) Incitar à violência ou ao ódio contra grupos de pessoas ou membros desses grupos em razão do sexo, raça, cor ou origem étnica ou social, características genéticas, língua, religião ou convicções, opiniões políticas ou outras, pertença a uma minoria nacional, riqueza, deficiência, idade, orientação sexual ou nacionalidade; b) Incitar publicamente à prática de infrações terroristas previstas e punidas na Lei n.º 52/2003, de 22 de agosto. 3 - Não é permitida a emissão televisiva de programas suscetíveis de prejudicar manifesta, séria e gravemente a livre formação da personalidade de crianças e jovens ou a sua imagem e reserva da intimidade da vida privada e familiar, designadamente os que contenham pornografia ou violência gratuita, nos serviços de programas de acesso" (Portugal, 2007). A ERC regulamentou o artigo 27, 3 e 4, através da Deliberação ERC/2016/249 (OUT-TV) (ERC, 2016).

Por sua vez, a Lei Geral da Comunicação Audiovisual espanhola proíbe a incitação ao discurso do ódio ou à discriminação por razão de gênero ou qualquer outra circunstância pessoal ou social que afetem a dignidade humana (artigo 4, 2); a propaganda comercial que fomente comportamentos nocivos para a segurança das pessoas (artigo 18, 5); conteúdos que possam prejudicar seriamente o desenvolvimento físico, mental ou moral dos menores, inclusive programas de pornografia, maus-tratos e violência (artigo 7,2); e limita a recepção de comunicação audiovisual externa por razões de ordem pública, segurança pública, proteção à segurança da saúde pública ou os consumidores e investidores (artigo 38, 3).[113]

A Constituição brasileira prevê o respeito à criança e ao adolescente (artigo 227), não admitindo mensagens nocivas à saúde e contra os valores éticos e sociais da pessoa e da família (artigo 221, IV).[114] A legislação ordinária não permite conteúdos inadequados a crianças e adolescentes,[115] bem como discriminatórios em razão de religião, política, filosofia, etnia, de gênero ou opção sexual.[116] Existe, inclusive, tipo penal específico para aqueles que divulgarem o nazismo especialmente através dos meios de comunicação social.[117]

---

113 España, 2010.

114 Brasil, 1988.

115 A Lei nº 8.069/90 do Brasil (Estatuto da Criança e do Adolescente) prevê:
"Art. 76. As emissoras de rádio e televisão somente exibirão, no horário recomendado para o público infanto juvenil, programas com finalidades educativas, artísticas, culturais e informativas. Parágrafo único. Nenhum espetáculo será apresentado ou anunciado sem aviso de sua classificação, antes de sua transmissão, apresentação ou exibição.
Art. 78. As revistas e publicações contendo material impróprio ou inadequado a crianças e adolescentes deverão ser comercializadas em embalagem lacrada, com a advertência de seu conteúdo. Parágrafo único. As editoras cuidarão para que as capas que contenham mensagens pornográficas ou obscenas sejam protegidas com embalagem opaca" (Brasil, 1990a, Livro I, Título III, Cap. II).

116 A Lei nº 11.652/2008 do Brasil prevê expressamente a participação da sociedade no controle dos princípios que regem a radiodifusão: "Art. 2º A prestação dos serviços de radiodifusão pública por órgãos do Poder Executivo ou mediante outorga a entidades de sua administração indireta deverá observar os seguintes princípios (...)
IX - não discriminação religiosa, político partidária, filosófica, étnica, de gênero ou de opção sexual (...)" (Brasil, 2008).

117 A Lei nº 7.716/89 prevê: "Art. 20. Praticar, induzir ou incitar a discriminação ou preconceito de raça, cor, etnia, religião ou procedência nacional.
Pena: reclusão de um a três anos e multa.
§1º Fabricar, comercializar, distribuir ou veicular símbolos, emblemas, ornamentos, distintivos ou propaga-nda que utilizem a cruz suástica ou gamada, para fins de divulgação do nazismo.
Pena: reclusão de dois a cinco anos e multa.

Obviamente que a definição mais específica de quais assuntos entram no restrito leque de conteúdos sensíveis é da legislação nacional que, de regra, acaba pormenorizando as linhas gerais traçadas nas cartas internacionais com base nos valores histórico-culturais de seu povo. Um exemplo clássico de conteúdo sensível é a apologia a ideias nazistas com cunho de supremacia racial que levou ao extermínio de milhões de judeus em campos de concentração durante a segunda guerra mundial e que foram apuradas através de processo em tribunal internacional.[118] As histórias e as imagens (fotos e vídeos) impactaram de tal forma a humanidade, que qualquer manifestação favorável a essa doutrina ideológica ou que queira mitigar as atrocidades praticadas são prontamente rechaçadas pela imprensa, sociedade civil e poderes públicos. Já enfatizamos que no Brasil o STF confirmou a condenação do autor de livro publicado com conteúdo antissemita. O repúdio é tão marcante, que o Parlamento Europeu declarou o dia 23 de agosto como "Dia Europeu da Memória das Vítimas do Estalinismo e do Nazismo".[119]

Na Alemanha, há um crime específico para quem negar a ocorrência do holocausto. Efetivamente, o tema já demonstrou que causa enormes males às sociedades, especialmente à sociedade alemã, e é nesse sentido que devemos entender a existência do repúdio que alcança até mesmo a esfera criminal. Essa lesividade tão intensa é o que fez o tema se tornar sensível, não encontrando chancela para sua divulgação nem se admitindo sequer rediscuti-las. É um assunto literalmente proscrito em que a regulação pode inclusive impedir sua circulação.

Do breve recorrido, podemos agrupar os conteúdos sensíveis em duas categorias básicas, aqueles que afrontam:

> 1 *A dignidade da pessoa humana* – que podem ser subgrupados em: a) *mensagens prejudiciais a pessoas ou grupos* que colocam em risco a saúde

---

§2º Se qualquer dos crimes previstos neste artigo for cometido por intermédio dos meios de comunicação social, de publicação em redes sociais, da rede mundial de computadores ou de publicação de qualquer natureza:
Pena: reclusão de dois a cinco anos e multa.
§2º-A Se qualquer dos crimes previstos neste artigo for cometido no contexto de atividades esportivas, religiosas, artísticas ou culturais destinadas ao público:
Pena: reclusão, de 2 (dois) a 5 (cinco) anos, e proibição de frequência, por 3 (três) anos, a locais destinados a práticas esportivas, artísticas ou culturais destinadas ao público, conforme o caso" (Brasil, 1989).

118 Ver artigo de Cabral (2022) sobre o Tribunal de Nuremberg publicado na revista *Superinteressante*.

119 European Parliament, 2008.

e a vida dos indivíduos;[120] b) *discurso de ódio*, caracterizado pela falta de tolerância às diferenças pessoais e de grupos, pregando a discriminação por razões raciais, religiosas, pela cor, etnia, nacionalidade, sexo ou orientação sexual; c) *mensagens ofensivas* que causam repugnância por coisificar as pessoas, retirando ou reduzindo-lhes o valor condizente com sua natureza humana, especialmente imagens e vídeos extremamente chocantes que mostram pessoas decapitadas, acidentes graves com exposição de partes dos cadáveres espalhados etc. e d) *proteção a incapazes*, que consiste em qualquer ato que venha a prejudicar a formação física, mental ou moral destes, principalmente aqueles conteúdos que estão repletos de pornografia e extrema violência.
2 *Interesses tipicamente coletivos*, que podem ser subgrupados em: segurança pública, saúde pública e segurança nacional.

Os conteúdos sensíveis abrem oportunidade a críticas a respeito da atividade regulatória especialmente por parte daqueles que não admitem a mínima regulação de conteúdo, sempre sob o plausível argumento de que muitos governos podem servir-se desse conceito para estendê-lo a situações "não sensíveis", instaurando, assim, atividade censória como regra em franco prejuízo a liberdades consagradas no Estado Democrático de Direito.

Deve-se, no entanto, contra-argumentar que a regulação restritiva, como vimos anteriormente, é uma realidade que se mostrou necessária sob pena de desestruturar os alicerces dos estados democráticos de direito, tanto assim o é, que inclusive os norte-americanos – defensores da regulação mínima – não abrem mão desse poder regulatório.

Por outro lado, reitera-se que os conteúdos sensíveis se constituem em pequeno rol de assuntos de reduzido valor para o debate crítico racional dos temas de interesse sociais e que devem ser sempre interpretados de forma restritiva e contextualizada.[121] Aliás, esse é um

---

[120] Jogos e desafios disseminados especialmente pelas redes sociais, como a Baleia Azul, que induzem adolescente a práticas automutilantes e ao próprio suicídio, são típicas mensagens que se configuram em conteúdo sensível (Pimenta, 2019; Bedinellimaría; Martín, 2017).

[121] Apesar de não usar a terminologia "conteúdos sensíveis", a Suprema Corte dos EUA reconhece que "existem certas classes de discurso bem definidas e estreitamente limitadas, cuja prevenção e punição nunca foram pensadas como suscitando qualquer problema constitucional. Estas incluem as palavras lascivas e obscenas, as profanas, as caluniosas e as palavras insultuosas ou de "luta" – aquelas que, pela sua própria expressão, infligem danos ou tendem a incitar uma violação imediata da paz. Foi bem observado que tais declarações não são parte essencial de qualquer exposição de ideias e têm um valor social tão pequeno como um passo para a verdade que qualquer benefício que possa ser derivado delas é claramente superado pelo interesse social na ordem e na moralidade" (New Hampshire, 1941, tradução nossa).

ponto que demarca o terreno do conteúdo sensível e, consequentemente, da regulação de conteúdo, ou seja, os assuntos circunscritos à atividade regulatória restritiva não se constituem em temas de interesse social que venha ao encontro da dignidade da pessoa humana e do debate crítico-racional, ao passo que os demais temas circunscritos – cuja restrição se configura em censura – são de grande importância para o tripé comunicativo. Cabe aqui a mesma fundamentação da Suprema Corte dos Estados Unidos, que entendeu que o conteúdo obsceno não está protegido pela Primeira Emenda, justamente porque, visto como um todo, carece de "sério valor literário, artístico, político ou científico".[122]

A aplicabilidade da regulação restritiva é sempre excepcional, circunscrita aos poucos assuntos que historicamente foram cristalizados em normas válidas dentro da ordem jurídica. Pode-se afirmar, sem medo de incorrer em equívoco, que a parcela das mensagens que devem ser objeto de restrição é muito inferior àquela sujeita à regulação ampliativa. Percebe-se que os MCM repudiam – prontamente e por um longo período – qualquer ato de restrição de sua liberdade, agendando-o ao público, o que pode dar a aparente sensação de predominância das medidas restritivas. No entanto, observa-se justamente o contrário, pois há um número consideravelmente maior de mensagens que requerem medidas pluralizantes sob tutela da regulação ampliativa, mas que não são perceptíveis em face da pouca atenção – ou falta de agendamento – por parte da imprensa.

Em suma, podemos elencar três características marcantes que distinguem os conteúdos sensíveis dos demais: 1) risco iminente de dano grave a bens jurídicos protegidos pela dignidade da pessoa humana e por interesses essenciais da coletividade; 2) reduzido rol de assuntos definidos normativamente através da legislação em vigor; 3) temas de pouca ou nenhuma importância ao fomento do tripé comunicativo. Com isso, podemos concluir também que todas as vezes que houver restrição na liberdade de expressão com base em conteúdo sensível, estaremos diante da regulação de conteúdo restritiva; por outro lado, se a limitação for em conteúdo não sensível, estaremos no campo da censura.

Por fim, apresentamos a seguir um quadro sinótico para facilitar a distinção entre regulação de conteúdo restritiva e censura:

---

[122] FCC, 2021, tradução nossa.

Quadro 1 - Regulação restritiva × censura

	Regulação restritiva	**Censura**
Função original	Organizar a escassez do espectro eletromagnético para possibilitar a radiodifusão	Coibir o uso de elocuções grosseiras no teatro grego
Função atual	Preservação de direitos fundamentais vinculados à dignidade da pessoa humana e interesses coletivos essenciais	Preservação do pensamento dominante com eliminação da divergência
Conceito	Restrição democrática de mensagens de *conteúdos sensíveis* em defesa da dignidade da pessoa humana e de interesses coletivos essenciais[123]	Restrição de mensagens de conteúdos *não* sensíveis em favor do monismo de ideias e de informação[124]
Campo de aplicação	Conteúdos sensíveis	Conteúdos *não* sensíveis
Ente regulador	Agência reguladora autônoma com independência do Poder econômico e político	Pessoa física ou jurídica, pública ou privada, sem independência política ou econômica
Natureza	Democrática e pluralista	Ditatorial e monista

Fonte: Elaboração do autor.

2.2.3 Momento da regulação

A regulação de conteúdo pode realizar-se antes ou depois da difusão da mensagem. O controle ulterior é a forma mais comum e pode recair sobre conteúdos sensíveis e não sensíveis, ao passo que o prévio só é possível se realizar diante de conteúdos sensíveis.

123 "Em conclusão, o controle democrático dos meios de comunicação social deverá estar a serviço do pluralismo da sociedade. Esse controle é estabelecido para limitar a concentração ou monopólio da informação, quando existem vários meios de comunicação ideologicamente diferenciados e, assim, evitar que ocorra o monismo informacional (que repercutiria negativamente no sistema democrático) e para garantir a existência de algum órgão de composição plural em cada meio de comunicação encarregado de facilitar a expressão e divulgação de diferentes opiniões" (García, 1998, p. 9, tradução nossa).

124 "(...) uma restrição à liberdade de informação e/ou expressão. Desse ponto de vista, o objeto da censura são as mensagens que circulam entre emissores e receptores de informações" (Garriga-Nogués, 1980, p. 8, tradução nossa).

A atividade regulatória posterior se constitui na forma mais importante de regulação,[125] pois geralmente recai em assuntos não sensíveis, requerendo ações corretivas pluralizantes que fomentam o tripé comunicativo, distanciando-se sobremaneira da censura. Contudo, conforme concluímos, medidas restritivas da liberdade de expressão se configuraram nesse ou naquele instituto dependendo da natureza do conteúdo afetado, se sensível ou não.

Na restrição preventiva, contudo, podemos identificar duas correntes doutrinárias diferentes e antagônicas: aqueles que não admitem qualquer limitação apriorística de conteúdo e aqueles que entendem ser possível, caso seja realizado com base em conteúdos sensíveis.

No primeiro caso, compreende-se a liberdade de expressão como um direito absoluto, tachando-se como censura prévia qualquer interferência no momento específico de transição do pensamento em sua expressão. Argumenta-se que os benefícios a favor da sacralidade dessa liberdade no momento de sua formação superam, em muito, os eventuais malefícios a outros direitos fundamentais. Qualquer correção de eventuais exageros cometidos no intocável direito de "sempre poder dizer o que se quiser dizer" podem ser feitos posteriormente à fala. Essa concepção mais liberal encontrou guarida no artigo 13 da Convenção Americana de Direitos Humanos, que, numa interpretação literal, proibiu a censura prévia de modo singular,[126] permitindo apenas a responsabilização ulterior e, como única exceção, o controle prévio de espetáculo público para o fim específico de impedir o acesso de crianças e adolescentes.

Ademais, a exegese dessa norma pela Corte Interamericana de Direitos Humanos confirma o caráter quase que absoluto dado à liberdade de expressão pela Carta, que se estende a todos os poderes do Estado, inclusive ao Poder Judiciário. A decisão no caso "La Última Tentación de Cristo" (Olmedo Bustos y otros) *v.* Chile", em 2001, por exemplo, tratou a fundo do tema, demonstrando uma exegese essencialmente

---

125 Para José Antonio García (1998, p. 22, tradução nossa), "os controles subsequentes são, em princípio, os mais importantes em relação ao controle democrático dos meios de comunicação social".

126 "A proibição da censura prévia, com a exceção prevista no parágrafo 4 do artigo 13, é absoluta e exclusiva da Convenção Americana, uma vez que nem a Convenção Europeia nem a Convenção sobre os Direitos Civis e Políticos contêm disposições semelhantes" (OEA, [1996], tradução nossa).

literal e sistemática do artigo 13 da convenção.[127] Certamente, sob esse olhar sistemático-literal, pode-se concluir que apenas o inciso 4 excepciona expressamente a obediência cega à proscrição de censura prévia prescrita no inciso 2; isto é, a não ser na específica situação de regulação de espetáculos públicos para fins de acesso de crianças e adolescentes, toda e qualquer mensagem não pode ser impedida previamente de ser divulgada no mercado de ideias, inclusive aquelas que contenham discurso de ódio, discriminação, incitem a crimes etc.

Podemos ainda citar alguns países ratificantes da convenção que caminham no mesmo sentido, tais como o Chile, que, em decorrência da decisão anteriormente citada, alterou seu ordenamento jurídico para contemplar a proibição da censura prévia,[128] e o México, que prevê expressamente essa proibição em sua Constituição (artigo 7º), cuja hermenêutica, pela Suprema Corte de Justiça, segue no mesmo sentido da CIDH.[129]

No Brasil, também ratificante da convenção, o Supremo Tribunal Federal, no bojo da ADPF nº 130, declarou não ter sido recepcionada a totalidade de Lei de Imprensa (Lei nº 5.250/67), filiando-se claramente à tese da impossibilidade de interferências preventivas na liberdade de expressão. As conclusões e discussões que resultaram no acórdão lançaram luzes em questões fundamentais da liberdade de expressão, tais como sua percepção como "superiores bens de personalidade e mais direta emanação do princípio da dignidade da pessoa humana"; sua "precedência" em relação aos demais direitos de personalidade; a

---

[127] "É importante mencionar que o artigo 13.4 da Convenção estabelece uma exceção à censura prévia, já que a permite no caso de espetáculos públicos, mas unicamente com a finalidade de regular o acesso a eles, para a proteção moral das crianças e dos adolescentes. Em todos os outros casos, qualquer medida preventiva implica a violação da liberdade de pensamento e de expressão" (Corte Interamericana de Derechos Humanos, 2001, tradução nossa).

[128] "Artigo 19 (...)
12º A liberdade de expressar opiniões e de informar, sem censura prévia, sob qualquer forma e por qualquer meio, sem prejuízo de ser responsabilizado pelos crimes e abusos cometidos no exercício dessas liberdades, nos termos da lei, que deve ser um quórum qualificado" (Chile, 2005, tradução nossa).

[129] "A proibição da censura prévia está contida no primeiro parágrafo do artigo 7º da Constituição Política dos Estados Unidos Mexicanos (...). Do exposto, conclui-se que esta proibição específica torna desnecessário o desenvolvimento de uma operação analítica para determinar quando a limitação a um direito é justificado ou não, de modo que na medida em que a norma analisada possa ser classificada como censura prévia, será necessário concluir pela sua inconstitucionalidade. Essa proibição de censura prévia obriga todas as autoridades estatais a absterem-se de qualquer forma de ação ou omissão destinada a impedir, dificultar ou impossibilitar, direta ou indiretamente, mediada ou imediata, a publicação e circulação de informação impressa" (México, 2012, tradução nossa).

"relação de mútua causalidade entre liberdade de imprensa e democracia"; a "relação de inerência entre pensamento crítico e imprensa livre" e o reconhecimento da imprensa "como instância natural de formação da opinião pública e como alternativa à versão oficial dos fatos".[130]

Indiscutivelmente histórica, disposta numa linguagem lógico racional atraente, não restam dúvidas que se tornou um ponto de inflexão na evolução do direito da comunicação social em nosso país. Cabe, no entanto, maior reflexão sobre determinadas questões debatidas pelos ministros, tais como a possibilidade de restrição preventiva do discurso de ódio (ministros Joaquim Barbosa e Elen Grace); a hierarquização dos direitos fundamentais (ministro Eros Grau); o caráter relativo da liberdade de expressão (ministro Celso de Mello); a posição preferencial da liberdade de expressão, já consolidada na jurisprudência constitucional alemã (ministro Celso de Mello e Gilmar Mendes); e a necessidade de lei ordinária para disciplinar o texto constitucional com o fito de salvaguardar outros direitos fundamentais e a dignidade da pessoa humana como limite da liberdade de expressão (ministro Gilmar Mendes).

A ideia de sucessão temporal da incidência normativa, primeiro da liberdade de expressão e em seguida dos demais direitos de personalidade –, denominada pelo ministro relator de "estado de momentânea paralisia à inviolabilidade de certas categorias de direitos subjetivos fundamentais" –, não se coaduna com a teoria que preconiza a incidência imediata das normas jurídicas sobre fato idêntico.[131] A nosso sentir, esse esforço exegético visou ao estabelecimento de uma liberdade irrestrita delimitada temporalmente, forjando-se uma esfera de liberdade impenetrável para permitir que "quem quer que seja tem o direito de dizer

---

[130] Brasil, 2009.

[131] Guardada as devidas diferenças, é perfeitamente aplicável a crítica de Paulo de Barros Carvalho (2009, p. 524) sobre a suposta cronologia de incidência das normas de obrigação tributária e de isenção: "É de fato, insustentável a teoria da isenção como dispensa do pagamento de tributo devido. Traz o pressuposto de que se dá a incidência da regra-matriz, surge a obrigação tributária e, logo a seguir, acontece a desoneração do obrigado, por força da percussão da norma isentiva. O preceito da isenção permaneceria latente, aguardando que o evento ocorresse, que fosse juridicizado pela norma tributária, para então, irradiar seus efeitos peculiares, desjuridicizando-o como evento ensejador de tributo e transformando em fato isento. Essa desqualificação factual seria obtida mediante a *exclusão do crédito*, outra providência logicamente impossível. Traduz, na verdade, uma cadeia de expedientes imaginativos, para amparar uma inferência absurda e contrária ao mecanismo da dinâmica normativa. Não há cronologia na atuação de normas vigorantes num dado sistema, quando contemplam idêntico fato do relacionamento social."

o que quer que seja", isto é, é proibido impedir a difusão de qualquer mensagem, não importando o conteúdo que será transmitido.

A concepção de uma liberdade irrestrita, mesmo que temporalmente delimitada, é de difícil acolhimento no direito. Com razão, o decano da Corte relembrou que o entendimento do STF se consolidou em torno da inexistência de direitos absolutos. O perigo é fazer o ordenamento jurídico normativo "perder" o contato com a realidade que pretender regular, gerando nichos de liberdade que podem atentar contra os próprios direitos fundamentais e gerar graves prejuízos às pessoas e ao equilíbrio das relações sociais.

Além disso, sempre surgirão novos desafios – especialmente os decorrentes da sociedade da informação – que exigirão das ciências jurídicas seu contínuo teste de sobrevivência e efetividade, dentro da perspectiva do possível, do real e do necessário. Certamente muitos conflitos de interesse, ainda nem pensados, serão de difícil pacificação social, caso acorrentemos o direito a dogmas atraentes, mas ineficazes para regulação de realidades complexas e cambiantes. Não é salutar apaixonar-se pela beleza do discurso a ponto de desvincular-se da "dureza" de nossa realidade. A dimensão possibilista não leva para outro caminho, pois a interpretação e a aplicação do texto constitucional devem estar sempre abertas a novas possibilidades mais condizentes com os fatos a regular.

Considerar a liberdade de expressão como um direito absoluto implica afronta direta ao princípio da indivisibilidade dos direitos fundamentais, que não admite hierarquia entre estes. Além disso, afasta a concepção dworkiana do direito como integridade.[132]

O cerne da questão é saber se há certos tipos de conteúdo cuja divulgação é capaz de provocar graves danos, de forma real e iminente, à dignidade da pessoa humana[133] e a específicos interesses sociais, cujos efeitos não se consegue evitar através da responsabilização ulterior. Em caso afirmativo, será forçoso concluir que o ordenamento jurídico constitucional, em face do caráter absoluto dessa liberdade, não oferece

---

[132] Abordaremos a doutrina do Direito como integridade com mais vagar no próximo capítulo, quando tratarmos da doutrina da posição preferente.

[133] "Pois, os livros não são coisas mortas, mas neles reside uma força vital tão ativa quanto a da alma à qual pertencem. Além disso, eles preservam, como frascos, a mais pura eficiência e extração daquele intelecto vivo que os gerou. Sei bem que são tão vivos e vigorosamente produtivos quanto aquelas fabulosas presas de dragão que, espalhadas aqui e ali, faziam brotar homens armados" (Milton, 2004, p. 16-17).

instrumentos eficazes para a salvaguarda eficaz dos direitos fundamentais, falhando o Direito em sua principal finalidade de pacificação dos conflitos individuais e coletivos.

É justamente esse questionamento que atualmente o STF tem de enfrentar, tendo em vista as recentes decisões determinando a suspensão de perfis em redes sociais,[134] que indiretamente, mas em razão do conteúdo,[135] inibem previamente o emissor de exercer sua liberdade de expressão. O cancelamento de um perfil equivale à revogação da concessão dada a um canal de radiodifusão.[136] Cala-se o operador de modo permanente, evitando-se, genérica e aprioristicamente, que o falante tenha acesso à esfera pública para difundir suas ideias. Essa medida, conforme veremos à frente, é mais grave que a remoção, anterior ou posterior, da mensagem, pois esta mitiga mas não elimina o poder de fala do indivíduo.

Reformula-se então a pergunta: é possível determinar o cancelamento de perfil em redes sociais tendo em vista o caráter absoluto à liberdade de expressão conferido pelo STF no bojo da ADPF nº 130? A resposta é negativa. Urge, portanto, que a Suprema Corte faça uma revisão em sua jurisprudência, admitindo que, uma vez demonstrada a existência de conta em plataforma social destinada a divulgar mensagens, em sua maioria falsas que comprovadamente provoquem claro e iminente dano à ordem social, segurança pública, saúde pública, enfim, a conteúdos sensíveis, é perfeitamente viável a restrição prévia.

Em suma, o STF deveria reavaliar sua jurisprudência para restringir o alcance do que entendeu por "censura prévia", limitando-a às mensagens com conteúdo não sensíveis. É importante que essa revisão se realize de modo contundente, dando-se à comunidade jurídica o novo norte a ser trilhado, pois os operadores de direito e os detentores dos grandes meios de comunicação continuam labutando com base na

---

134 Falcão; Vivas; Tavares, 2020.

135 "Nossos precedentes também reconheceram uma categoria separada e adicional de leis que, embora aparentemente neutras em termos de conteúdo, serão consideradas regulamentações do discurso baseadas no conteúdo: leis que não podem ser 'justificadas sem referência ao conteúdo do discurso regulamentado', ou que foram adotadas pelo governo 'por causa da discordância com a mensagem que [o discurso] transmite', Ward *v.* Rock Against Racism, 491 U. S. 781, 791 (1989). Essas leis, assim como aquelas cujo conteúdo é baseado em sua aparência, também devem satisfazer um escrutínio rigoroso" (US, 2015, tradução nossa).

136 "(...) a violação do artigo 20.º CE porque as medidas restritivas do exercício das liberdades fundamentais de comunicação constituem uma espécie de censura prévia, ao preverem a cessação da atividade por questões relacionadas com o conteúdo STC 86/2017" (España, 2017, tradução nossa).

premissa do caráter absoluto da liberdade de expressão declarada na referida ADPF.

A proibição da regulação restritiva prévia vulnera direitos e garantias fundamentais de tal modo que não pode ser amparada posteriormente à divulgação da mensagem. Como se podem prevenir os suicídios de adolescentes que entram em contato com os jogos que surgem com frequência nas redes sociais, como Baleia Azul, Pateta e outros? Imaginemos uma hipotética situação em que chegasse às mãos de um magistrado ação solicitando liminarmente o impedimento de mensagens de novo jogo que começaria a circular em alguns dias. Nesse caso, a liminar não poderia ser deferida em face da proibição de censura prévia parametrizada na ADPF nº 130? Deveria o magistrado aguardar a difusão do primeiro desafio do jogo para depois aplicar sanções, mesmo ciente da forte probabilidade de que muitas mortes viessem a ocorrer? E quanto aos próximos desafios, que se configuram em novas mensagens, também se deve aguardar sua divulgação?

Um dos maiores genocídios da história contemporânea ocorreu em Ruanda, onde integrantes da etnia hutus assassinaram mais de 800 mil pessoas da etnia tutsi em apenas 100 dias. O modo de execução e a velocidade das mortes impressionaram o mundo. Em primeiro lugar, os hutus "retiraram" a natureza humana dos tutsis ao denominá-los de "baratas". É muito mais fácil matar insetos que seres humanos. Em segundo lugar, as rádios e jornais hutus estimularam o genocídio, inclusive divulgaram listas com os nomes das "baratas" que deveriam ser eliminadas, levando maridos a matar suas próprias mulheres, bem como padres a assassinar fiéis que buscaram refúgio nas igrejas.[137] Voltamos a questionar: seria possível um juiz ter evitado milhares de mortes, caso tivesse liminarmente impedido que os hutus divulgassem o discurso de ódio e as listas? Imagine-se que Ruanda adotasse a tese da impossibilidade de censura prévia, o que poderia ser feito juridicamente? Aplicar sanções posteriores, com vultosas multas, ou conceder direito de resposta aos tutsis? Enfim, qual seria a medida ulterior capaz de evitar tantos assassinatos que pudesse se equiparar, em termos de eficácia, à restrição prévia da difusão das mensagens?

Observando outros países não sujeitos à Convenção Americana de Direitos Humanos, vê-se que eles têm uma percepção diferente do tema, convergindo para uma posição que se pode chamar mais ponderada,

---

[137] Entenda [...], 2014.

pois garantem especial atenção ao amplo exercício da liberdade de expressão sem torná-la intocável, justamente para atingir um sistema equilibrado em que os diversos direitos fundamentais convivem sem que um possa reinar de modo absoluto sobre os demais.

Nesse sentido, Jerome Barron esclarece que os Estados Unidos, país não ratificante da Convenção Americana de Direitos Humanos, admite apenas três situações (segurança nacional, obscenidade e segurança da vida da comunidade contra atos de incitamento a crimes ou derrubada do governo) em que poderá haver interferência prévia na liberdade de expressão.[138] Associe-se a essas hipóteses a necessidade de se constatar o claro e iminente dano à sociedade. Dissemos alhures que o modelo norte-americano de regulação é um dos mais compromissados com os valores liberais, mas, nesse ponto, eles acabam se rendendo à necessidade de regulação prévia, ainda que pontual, da liberdade de expressão.

O modelo europeu de maior intervenção na comunicação social está claramente delineado na Convenção Europeia de Direitos Humanos, em seu artigo 10.2, que permite a atividade regulatória quando necessária para preservar alguns bens jurídicos – alguns deles de conteúdos evidentemente sensíveis – essenciais numa sociedade democrática. Aliás, deve-se pontuar que esse inciso permite literalmente "impedir a divulgação de informações confidenciais", o que demonstra possibilidade de regulação apriorística. Nessa mesma linha, o Pacto Internacional dos Direitos Civis e Políticos (1966) reconhece a liberdade de expressão; no entanto, admite a possibilidade de restringi-la (artigo 19, § 3º) e proíbe mensagens com conteúdo sensíveis (artigo 20).[139] Em nenhum momento, o pacto impossibilita a regulação prévia da comunicação social.

---

[138] "Hughes identificou três casos excepcionais em que restrições prévias poderiam ser válidas. Primeiro, havia uma exceção de segurança nacional, por exemplo, a publicação da data de partida de um transporte de tropas. Em segundo lugar, havia uma exceção de obscenidade para impor 'os requisitos primários de decência'. Terceiro, a 'segurança da vida comunitária pode ser protegida contra incitamentos a atos de violência e à derrubada pela força de um governo ordenado'. Nenhuma das exceções foi atendida nos fatos próximos. O chefe de Justiça Hughes não deixou claro se essas exceções ilustravam um princípio mais amplo ou eram simplesmente exceções fechadas a uma proibição que de outra forma seria absoluta contra restrições prévias. Esse princípio mais amplo envolveria um equilíbrio ponderado entre o dano potencial ao interesse público e a doutrina de restrição prévia" (Barron; Dienes, 1993, p. 54, tradução nossa).

[139] "Artigo 19 (...)
§1. Ninguém poderá ser molestado por suas opiniões;
§2. Toda pessoa terá o direito à liberdade de expressão; esse direito incluirá a liberdade de procurar, receber e difundir informações e ideias de qualquer natureza, independentemente

O TEDH tem confirmado a possibilidade de restrição apriorística à liberdade de expressão desde que se comprove o *claro e iminente dano* aos bens jurídicos descritos nas hipóteses do referido dispositivo – segurança nacional, segurança pública, proteção à saúde etc., conforme se observa pelo caso Mouvement Raëlien Suisse *v.* Switzerland.[140]

É importante pontuar que, nos conflitos que envolvem a liberdade de expressão, o TEDH claramente admite a doutrina da posição preferente; logo, construiu critérios para a ponderação entre essa liberdade e o direito à privacidade, a saber: a contribuição para um debate de interesse geral; a notoriedade das pessoas aludidas e o objeto da reportagem; o comportamento anterior da pessoa em questão; o conteúdo, a forma e as repercussões da publicação; e as circunstâncias de captura das imagens. De fato, no caso Von Hannover *v.* Alemania (nº 2),[141] a autora solicitava que os OCS fossem impedidos de publicar novas fotos suas em infração a sua privacidade. O TEDH rejeitou o pedido não com base na impossibilidade de restrições prévias, mas sim na doutrina da posição preferente, aplicável ao caso, por força dos mencionados parâmetros.

No âmbito dos países membros da União Europeia, podemos citar o artigo 26, 2, da Lei de Televisão portuguesa, que permite a intervenção

de considerações de fronteiras, verbalmente ou por escrito, de forma impressa ou artística, ou por qualquer meio de sua escolha;
§3. O exercício de direito previsto no §2 do presente artigo implicará deveres e responsabilidades especiais. Consequentemente, poderá estar sujeito a certas restrições, que devem, entretanto, ser expressamente previstas em lei e que se façam necessárias para:
1. assegurar o respeito dos direitos e da reputação das demais pessoas;
2. proteger a segurança nacional, a ordem, a saúde ou a moral públicas.
(...)
Artigo 20 (...)
§1. Será proibida por lei qualquer propaganda em favor da guerra;
§2. Será proibida por lei qualquer apologia ao ódio nacional, racial ou religioso, que constitua incitamento à discriminação, à hostilidade ou à violência (...)" (Pacto [...], 1966).

140 "No caso em apreço, tendo em conta a obrigação negativa do Estado de se abster de interferir na liberdade de expressão da associação requerente, a natureza mista do discurso da associação, a legalidade do discurso, o site da associação e os fins estatutários no momento dos factos, a inexistência de qualquer perigo claro e iminente resultante desse discurso e do alcance contraditório e arbitrário da proibição de cartazes, e depois de examinar as decisões proferidas pelas autoridades competentes à luz da estreita margem de apreciação aplicável ao caso, não posso deixar de concluir que as razões em que se baseava a proibição impugnada não eram suficientes e que a interferência não correspondia a uma necessidade social premente" (TEDH, 2012b, tradução nossa).

141 TEDH, 2012a.

prévia na programação dos MCM, mas confere esse poder regulatório exclusivamente ao Poder Judiciário.[142]

A Constituição espanhola, por sua vez, garante a liberdade de expressão, em sentido amplo, em seu artigo 20.1 e no apartado seguinte (20.2), em que literalmente proíbe a censura prévia, numa dicção muito similar à da Convenção Americana de Direitos Humanos. O Tribunal Constitucional espanhol, no entanto, interpreta essa norma de forma distinta da CIDH, no sentido de que não se configura censura prévia a ordem emanada pelo Poder Judiciário que impede a difusão da mensagem em defesa de direitos fundamentais garantidos na Carta espanhola.[143] Aliás, a jurisprudência do tribunal, há décadas, tem consolidado entendimento favorável à doutrina da posição preferente.[144]

---

[142] "Artigo 26.º. Autonomia dos operadores. 2 - Salvo os casos previstos na presente lei, o exercício da actividade de televisão assenta na liberdade de programação, *não podendo a Administração Pública ou qualquer órgão de soberania, com excepção dos tribunais, impedir,* condicionar ou impor *a difusão de quaisquer programas*" (Portugal, 2007, grifos nossos).

[143] "Contudo, o rigor da proibição dirige-se em princípio com toda a sua intensidade à censura tradicionalmente denominada 'governamental"' e não à possibilidade de um juiz ou tribunal, devidamente autorizado por lei, adoptar determinadas medidas restritivas do exercício das liberdades de expressão e informação como será visto mais adiante. Com efeito, uma interpretação cabal do veto constitucional à censura no âmbito da liberdade de expressão em todas as suas manifestações, e especialmente com a permissão do sequestro judicial (incisos 1, 3 e 4 do art. 20.2 E.C.), permite-nos concluir que não se estende a todos os casos possíveis de medidas restritivas de tais liberdades, que, se adotadas por outra instituição que não a judicial, mereceriam a consideração de 'censura prévia' no sentido material ou amplo indicado nos parágrafos anteriores. As próprias qualidades da função jurisdicional, que são constitucionalmente desempenhadas pelos que compõem o Poder Judiciário, e o próprio fato de serem os principais garantes dos direitos fundamentais dos indivíduos (art. 53.2 e art. 117.4 C.E.) fecha a possibilidade de que a lei ou, se for o caso, os próprios juízes e tribunais, na ausência ou à margem da lei, possam sujeitar o exercício de tais liberdades à autorização judicial prévia, ou seja, impor quaisquer limitações preventivas ao seu exercício de forma permanente, e respondendo a critérios de oportunidade, constitutivos – esses sim – da 'censura prévia' na sua manifestação mais evidente. Se a lei ou, por conta própria, um juiz o fizesse, violaria o art. 20.1 e 2 EC, e o segundo, na ausência de uma lei habilitante, também permaneceria fora dos muros do art. 24 d.C." (España, 2019, tradução nossa).

[144] "(...) para investigar se num caso concreto deve prevalecer o direito à informação, será preciso e necessário e constatar, com caráter prévio, a relevância pública da informação, seja pelo caráter público da pessoa a quem ela se refere, ou pelo próprio evento em que essa pessoa esteve envolvida, e pela veracidade dos fatos e declarações contidas nessas informações. Sem ter verificado previamente se essas circunstâncias existem ou não, não é possível afirmar que a informação em questão esteja especialmente protegida porque é susceptível de cair no espaço que uma imprensa livre deve ser assegurada num sistema democrático. Só depois de averiguar se a informação publicada está especialmente protegida seria oportuno entrar na análise de outros direitos – como o direito à privacidade ou à honra – cuja lesão, se existir, só deverá ser protegida na medida em que não seja justificada pela prevalência da liberdade de informação, de acordo com a posição preferencial que deve ser concedida a essa liberdade devido ao seu valor institucional". Consequentemente, "o valor preferencial do direito à informação não significa deixar vazios de conteúdo os direitos fundamentais das pessoas afetadas ou prejudicadas por essa informação, que devem ser

Em resumo, há, portanto, duas correntes de pensamentos no que se refere à possibilidade de restrição da liberdade de expressão em momento anterior à veiculação da mensagem: (1) *absolutista*, adotado pela Convenção Americana de Direitos Humanos, que proíbe qualquer interferência, independentemente do conteúdo que possa vir a ser difundido, tendo como única exceção a classificação de espetáculos públicos; (2) *intervencionista*, que concede posição preferente à liberdade de expressão, tornando a divulgação como regra, porém permitindo a restrição prévia em casos excepcionalíssimos, desde que configurado o conteúdo sensível da mensagem.

2.3 Regulação de conteúdo eletrônico

O surgimento da *internet* e da sociedade da informação proporcionaram uma aceleração vertiginosa das interações sociais que geram cotidianamente mudanças no comportamento individual e coletivo em nível global. Novas formas de relacionamentos são criadas e fatos sociais antes não imaginados surgem, obrigando o direito a se revitalizar para acompanhar essas novas realidades.

Nos últimos tempos observamos o surgimento das redes sociais que consolidaram a horizontalização da comunicação e ampliaram o acesso à esfera pública. Assuntos de toda ordem são discutidos por meios de aplicativos que possuem suas regras próprias de funcionamento. O Brexit, as eleições americanas de 2016 e outras que se seguiram ao redor do mundo demonstraram que o resultado dos pleitos públicos, hoje, é fortemente influenciado pelo que circula nessas redes, arrefecendo sobremaneira o poder que as mídias tradicionais possuíam nesse campo político.

São situações novas como essas que desafiam o direito a se atualizar para continuar sendo eficaz. Com toda a razão, a declaração conjunta sobre liberdade de expressão e *internet*[145] alerta sobre a necessidade de novos instrumentos e práticas regulatórias que sejam adequadas

sacrificados apenas na medida em que for necessário para garantir a informação livre numa sociedade democrática, conforme estabelecido no artigo 20.2 da Convenção Europeia dos Direitos Humanos" (España, 2020, tradução nossa).

145 "1. Princípios gerais (...) c) As abordagens de regulamentação desenvolvidas para outros meios de comunicação – como telefonia ou rádio e televisão – não podem ser simplesmente transpostas para a internet, mas devem ser desenhadas especificamente para esse meio, atendendo as suas particularidades" (OE, 2011).

a presente realidade, de forma que não basta aplicar o velho modelo regulatório voltado às mídias tradicionais.

Com esse olhar diferente, vemos que a autorregulação e a corregulação são instrumentos fundamentais para obter um ambiente equilibrado nesse novo mercado virtual de ideias, resguardando-se, assim, a dignidade da pessoa humana e os demais direitos fundamentais. É necessário, portanto, estudar a maneira como os princípios básicos da atividade regulatória vigentes devem ser adaptados – bem como se há outros a considerar –para atingirmos as finalidades próprias da regulação de conteúdo nas mídias digitais.

O primeiro ponto para que chamamos atenção é a impossibilidade de as entidades de regulação assumirem a exclusividade de fiscalização do conteúdo que circula na *internet*. Recorde-se que, para as mídias tradicionais, apesar de o regulador poder atuar de ofício, em regra, aguarda-se a provocação particular para se instaurar um processo. Diga-se que a atuação provocada, em tese, é a que melhor agasalha o princípio da neutralidade, pois demonstra que a pauta do debate crítico está nas mãos dos participantes do mercado, ficando a entidade numa posição de observadora imparcial que só intervém quando é chamada.

Ocorre, no entanto, que o grande volume de procedimentos gerados, quer de ofício, quer provocado, demandaria uma considerável equipe de funcionários do agente regulador que geraria alto custo de manutenção.

A novel realidade que enfrentamos não dorme um segundo sequer. Vorazmente ela produz milhares de mensagens na esfera pública, a cada instante e em nível mundial. Para se ter uma ideia desse volume, somente em 2019, o Facebook puniu 33,6 milhões de postagens por violarem suas regras, sendo que 98% do trabalho foi feito por *machine learning* e os 2% restantes ficaram a cargo de uma equipe de 15 mil pessoas, entre funcionários e terceirizados espalhados em alguns cantos do planeta.[146] Com isso, percebe-se que a regulação direta, a cargo única e exclusivamente das entidades reguladoras, é evidente inviável.

Por outro lado, delegar quase que totalmente às plataformas a autorregulação do conteúdo, conforme se vislumbra nos Estados Unidos, por força do permissivo legal contido no artigo 323 da Lei de Comunicação, não é a solução mais adequada fundamentalmente porque aquelas são empresas privadas que visam à obtenção progressiva

[146] Uchinaka, 2019.

de lucro através do gerenciamento de parcelas consideráveis da esfera pública. Sabe-se que uma das medidas que acompanhou a liberalização dos mercados a partir dos anos 80 do século passado foi a delegação da regulação e da fiscalização a entidades autônomas independentes, o suficiente para não se submeterem a influências do poder político e econômico. A neutralidade das agências reguladoras se baseia justamente em sua autonomia administrativa, financeira e funcional através, por exemplo, de escolhas dos membros por processos democráticos, mandatos fixos, não subordinação hierárquica a órgão do governo etc.

A imparcialidade do órgão regulador da comunicação social exige que seus atos não visem beneficiar determinado partido, especialmente aquele que está à frente do poder político –, que comumente mantém o anseio de se perpetuar no comando. Além disso, a entidade reguladora imparcial é aquela que não age com o fim de favorecer alguns agentes privados em detrimento de outros. Deve-se atentar que o público e o privado, não raro, unem-se para conseguir objetivos comuns ou complementares, o que evidencia, ainda mais, a necessidade de autonomia frente a ambas as esferas.

Nessas circunstâncias, percebe-se que a plataforma não pode monopolizar a regulação de conteúdo – autolegislando e autoexecutando – porque seus interesses econômicos, em dado momento, podem se apresentar como obstáculos à atividade regulatória dirigida à preservação dos direitos fundamentais dos usuários. A Onlyfans anunciou, em 20 de agosto de 2021, que proibiria conteúdo pornográfico explícito em sua plataforma. Segundo a *BBC News*, a decisão foi motivada por força de sua reportagem investigativa que descobriu a existência de um manual a ser seguido pelos moderadores que tolerava a publicação de conteúdos ilegais, como a pornografia infantil.[147] Afirma a matéria que a Onlyfans fazia tratamento discriminatórios entre as contas, sendo que era mais leniente com os clientes mais populares, que obviamente geravam mais lucros para a empresa.[148]

Além disso, a autorregulação gera disparidades insolúveis no mercado de ideias. A mesma mensagem postada em plataformas

---

147 Titheradge, 2021.

148 Segundo a reportagem, havia três espécies de contas: aquelas com pequeno número de subscritores, as medianas e as com alto número. As primeiras eram moderadas normalmente de acordo com as regras de uso da plataforma; as segundas deveriam ser advertidas três vezes antes da retirada do material; e as últimas, tinham avisos adicionais além dos três dados aos medianos e eram moderadas por uma equipe diferente.

diferentes pode receber tratamentos diversos, dependendo da regulamentação e orientação própria de cada uma delas, conforme acabamos de mencionar. Observou-se, no primeiro semestre de 2020, certa resistência do Facebook em implementar uma política mais rígida de moderação em relação ao discurso de ódio que só foi superada devido a uma campanha em que centenas de anunciantes, inclusive grandes empresas, suspenderam a publicidade na plataforma. Em face dos impactos financeiros, o Facebook divulgou nova política de combate ao mencionado ódio.[149] Independentemente de sabermos se tal mudança foi benéfica para a preservação dos direitos fundamentais dos usuários, resta claro que esses fatos evidenciaram que a plataforma alterou sua política de moderação por pressões econômicas externas, a demonstrar que ela não é isenta o suficiente para desempenhar a função regulatória de conteúdo.

Por outro lado, usuários que foram moderados pelo X estão encontrando no Parler – plataforma social semelhante ao X com política mais branda de controle de conteúdo – o local para difundir suas ideias.[150] Aparentemente, a migração para o Parler obedece a uma lógica de quem procura menos interferências em suas postagens. Assim, a nova realidade em que vivemos nos dá apenas a liberdade de escolher em que feudo queremos entrar, com menos ou mais moderação, pois não há uma normatização universal que garanta a defesa de nossos direitos fundamentais em todas as plataformas.

Efetivamente, a considerável cota do mercado de ideias que atualmente as redes sociais detêm, associado ao seu poder quase soberano de legislar e executar, faz lembrar a crítica de Habermas sobre a "refeudalização" da esfera pública.[151] É fundamental que o poder suserano dessas plataformas seja ordenado sob um conjunto normativo uniforme, cuja criação e execução seja a mais democrática possível, mas sempre capitaneada por uma entidade reguladora autônoma e independente.[152]

Nesse sentido, a corregulação se mostra mais adequada, na medida em que o regulador construiria, juntamente com as plataformas

---

[149] Sandoval, 2020.

[150] Oliveira, 2020.

[151] "Refeudalização – um processo que Habermas identifica nos estados socialdemocratas modernos. A refeudalização envolve uma fusão do Estado e da sociedade, do público e do privado, que se aproxima das condições do Estado feudal, e um retorno de elementos de publicidade representativa" (Habermas, 2014, local. 133, tradução nossa).

[152] Nesse sentido está se caminhando a legislação brasileira, conforme se vê pelo PL nº 2.630/2020, aprovado no Senado (Ruddy, 2020).

e os usuários, o corpo normativo capaz de uniformizar as condutas regulatórias. Contudo, o poder decisório final ficará nas mãos do primeiro.[153] Essa construção normativa deve obedecer a princípios e regras estipulados legislativamente pelos representantes do povo.

Uma vez definido o marco normativo, sua execução deve ser realizada prioritariamente pelas plataformas justamente pela falta de estrutura das entidades para desempenhar tamanha atividade, cabendo ao órgão regulador fiscalizar se os algoritmos utilizados nas redes sociais estão de acordo com as diretrizes normativas estabelecidas.

Além disso, qualquer mensagem que tenha sido objeto de moderação poderá ser questionada perante a entidade reguladora, que servirá como verdadeira instância recursal para fiscalização e correção das ações praticadas pelas empresas. Obviamente que esse recurso deve ser processado de forma célere para se adequar à dinâmica das redes sociais, com possibilidade de o regulador levantar a moderação liminarmente.

[153] O Parlamento da Inglaterra incumbiu a OFCOM o papel de agente regulador de alguns serviços *online*, argumentando que se trata de "um regulador independente bem estabelecido com uma forte reputação internacional e vasta experiência em equilibrar a prevenção de danos com considerações de liberdade de expressão" (UK, [2021], tradução nossa).

CAPÍTULO 3

METODOLOGIA REGULATÓRIA

3.1 Princípios regulatórios gerais

Desde o início deixamos claro nosso intento de fixar parâmetros objetivos da atividade regulatória que possam orientar todos os agentes envolvidos no processo comunicativo. Precisamos delinear os pormenores, quanto menor o alcance das normas reguladoras mais limitada a ação do ente regulador e, por consequência, maior liberdade os operadores desfrutarão na esfera pública.

O foco principal dessa metodologia é delimitar a atividade regulatória, e não a prática da liberdade de expressão. A preocupação maior é definir, tanto quanto possível, balizas mais claras e objetivas que controlem a ação dos agentes reguladores, permitindo-se o exercício das liberdades informativas de forma ampla, aberta e livre de inibições.

Baseando-se na teoria da presunção a favor do mercado de ideias, que é central nos estados democráticos de direito, adotaremos a premissa de que o conteúdo a ser regulado constitui uma fração menor do total de mensagens que circulam na esfera pública. É importante regular apenas as falhas do mercado. Assim, a regulação deve ser aplicada de forma cirúrgica e direcionada, garantindo o dinamismo e a liberdade do mercado de ideias.

Sustentaremos a seguir essa premissa através de dois princípios que se aplicam de forma geral à atividade regulatória: princípio da posição preferente e o da necessidade. Em seguida, apresentaremos a metodologia em si que tem como objetivo oferecer tríplice proteção à liberdade de expressão, concentrando-se na atividade regulatória sob três aspectos indissociáveis e complementares, quais sejam: diretrizes gerais da liberdade de expressão, diretrizes específicas do conteúdo de cada mensagem e diretrizes referentes às medidas corretivas. Para fins didáticos, denominamo-las, respectivamente, regulação geral, específica e corretiva.

Considerando-se que a regulação é excepcional, a metodologia se desenvolve basicamente analisando, num primeiro momento, hipóteses, gerais ou específicas, em que é lícito ao agente regulador atuar. Caracterizada a necessidade de atuação, num segundo momento, o regulador deve seguir as prescrições que delimitam sua ação corretiva.

3.1.1 Posição preferente

A doutrina da posição preferente das liberdades jusinformativas tem suas raízes fincadas na concepção da liberdade de expressão como "liberdade primeira" ou "liberdade mãe', o alicerce que possibilita o exercício de todas as outras liberdades.[154] É justamente por força dessa função primordial que o sistema jurídico lhe garante o tratamento preferencial. Trata-se de uma diretriz que determina, como regra, que a liberdade de expressão seja aplicada em sua maior plenitude possível quando o tema debatido é de interesse social, só podendo ser limitada de forma excepcional e através de procedimento probatório mais dificultoso a cargo da parte contrária.

Embora possa parecer simples à primeira vista, a afirmação acima desencadeia um debate complexo e profundo. Ela abre caminho para uma análise detalhada a respeito dos conflitos entre princípios jurídicos. De acordo com a abordagem de Alexy, a posição preferente seria o resultado da ponderação entre dois valores que frequentemente entram em colisão: a liberdade de expressão e a dignidade da pessoa humana, os direitos de personalidades, entre outros.

O referido autor[155] propõe inicialmente uma ponderação abstrata, que posteriormente é refinada por um balanceamento baseado

---

[154] Cláudio Toldo, diretor editorial do livro de Milton (2004, p. 71), no posfácio, chegou à mesma conclusão, ao afirmar que: "A liberdade de expressão é a mãe de todas as liberdades."

[155] "Como tal, é diferente do peso abstrato de Pi. O peso abstrato de Pi é o peso que Pi tem em relação a outros princípios, independentemente das circunstâncias de quaisquer casos. Será representado por "Wi". Muitos princípios constitucionais não diferem no seu peso abstrato. Alguns, no entanto, o fazem. O direito à vida, por exemplo, tem um peso abstrato mais elevado do que a liberdade geral de ação. Se o peso abstrato dos princípios em conflito for igual, pode ser desconsiderado no equilíbrio. A Lei do Equilíbrio nomeia como primeiro objetivo do equilíbrio apenas a intensidade da interferência. Isso mostra que está moldado para a situação em que os pesos abstratos são iguais, ou seja, não desempenham nenhum

em evidências concretas. Esse método é crucial para determinar qual princípio terá maior preponderância em um caso específico. Embora haja críticas significativas – tanto à viabilidade da ponderação abstrata quanto à teoria de Alexy em si –,[156] é importante reconhecer que a suposta superioridade da liberdade de expressão no âmbito abstrato não implica que ela sempre prevaleça sobre outros direitos fundamentais. Em outras palavras, a liberdade de expressão não é um direito absoluto que eternamente sobrepuja outros direitos essenciais. A aplicação de qualquer direito fundamental, incluindo a liberdade de expressão, exige uma avaliação cuidadosa e contextualizada de cada situação específica.

Contudo, não precisamos caminhar sobre a criticável doutrina de ponderação abstrata de princípios para justificar a posição preferente. Efetivamente, esta doutrina é perfeitamente compatível com a tese da inexistência de hierarquia entre direitos fundamentais, bem como, com a ponderação como forma de resolução de conflito de princípios que leva sempre em consideração o caso concreto.

Percebe-se que posição preferente da liberdade de expressão se justifica com base na teoria interpretativa de Ronald Dworkin. Nessa perspectiva, a preferência dada a esse direito consiste em verdadeiro princípio jurídico, padrão de comportamento que decorre logicamente das "decisões políticas tomadas no passado" que construíram a ordem constitucional através de normas jurídicas explícitas.[157]

A liberdade de expressão é um princípio moral abstrato amplamente reconhecido, possuindo dimensão institucional,[158] que desempenha um papel crucial na contenção do abuso do poder governamental[159]

papel. Basta dizer muito aqui. A questão de como elaborar a Lei do Equilíbrio quando os pesos abstratos diferem será discutida mais adiante" (Alexy, 1989).

156 Ver Cruz, 2006.

157 "Se as pessoas aceitam que são governadas não apenas por regras explícitas, estabelecidas por decisões políticas tomadas no passado, mas por quaisquer outras regras que decorrem dos princípios que essas decisões pressupõem, então o conjunto de normas públicas reconhecidas pode expandir-se e contrair-se organicamente, à medida que as pessoas se tornem mais sofisticadas em perceber e explorar aquilo que esses princípios exigem sob novas circunstâncias, sem a necessidade de um detalhamento da legislação ou da jurisprudência de cada um dos possíveis pontos de conflito" (Dworkin, 1999, p. 229).

158 "No que toca à liberdade de expressão (...)[,] a doutrina sempre sublinhou as suas dimensões objectivas e institucionais, observando-se hoje uma clara preferência pelos esquemas regulatórios que aumentam as possibilidades de comunicação autônoma dos emissores e dos receptores" (Machado, 2002, p. 869).

159 "Muitas dessas cláusulas são formuladas em linguagem moral excessivamente abstrata. A Primeira Emenda refere-se ao 'direito' à liberdade de expressão, por exemplo, a Quinta Emenda ao 'devido processo' aos cidadãos, e a Décima Quarta Emenda à proteção, que deve ser 'igual'. De acordo com a leitura moral, essas cláusulas devem ser entendidas da

e econômico. Essa função primordial provoca a expansão da ordem jurídica, no sentido de assegurar-lhe execução privilegiada para robustecer o sistema de proteção dos direitos fundamentais. Consequentemente, a posição privilegiada da liberdade de expressão emerge de forma lógica do aperfeiçoamento da sua interação com os princípios constitucionais essenciais para o Estado de Democrático de Direito.

Em outras palavras, a doutrina da posição preferente promove a aplicação mais ampla possível das liberdades jusinformativas, visando a salvaguarda dos princípios que fundamentam os estados democráticos de direito. Contudo, é importante ressaltar que a preferência concedida à liberdade de expressão não é ilimitada, estando condicionada à análise minuciosa de cada caso, que determinará o princípio dominante. Essa preferência inicial pode ser reavaliada e afastada diante de situações concretas específicas. Portanto, a prioridade da liberdade de expressão não tem caráter absoluto diante de outros direitos fundamentais, podendo ser restringida em circunstâncias excepcionais que exigem uma consideração cuidadosa dos fatos relevantes.

O princípio da preferência foi se estabelecendo ao longo dos tempos nos estados democráticos de direito, resultado de uma interpretação lógica de princípios constitucionais basilares, visando prioritariamente preservar uma opinião pública livre, vital para o debate racional e crítico em prol dos interesses da comunidade. Em casos de conflito entre a liberdade de expressão e direitos como os da personalidade, não se exige que os juristas reconstruam toda a base argumentativa desenvolvida ao longo dos últimos séculos. A premissa central permanece: o Estado e a sociedade têm um compromisso inabalável com a promoção de um debate público livre, aberto e sem restrições sobre questões de interesse social.

A doutrina da preferência representa o amadurecimento da interpretação e aplicação da liberdade de expressão. Ela serve como um critério de ponderação flexível, não um dogma absoluto, ajustando-se às especificidades de cada caso e às provas apresentadas.

Deste modo, não há qualquer desencontro entre a concepção de inexistência de hierarquia entre os direitos fundamentais e o da posição preferente da liberdade de expressão, uma vez que a ponderação

---

forma que a sua redação mais naturalmente sugere: referem-se a princípios morais abstratos e incorporam-nos, por referência, como limites ao poder do governo" (Dworkin, 2019, tradução nossa).

com o caso concreto poderá anular essa preferência, fazendo pender a balança em prol dos direitos de personalidade. Pensar de outro modo, repita-se, seria apenas impor ao intérprete o desnecessário encargo de trilhar o longo caminho já sedimentado para, ao final, chegar à mesma conclusão já maturada pelos inúmeros juristas que nos antecederam.

A posição preferente está em consonância com as justificativas instrumentais e constitutivas dworkianas da liberdade de expressão,[160] pois sua aplicação viabiliza o fomento do tripé comunicativo (princípio da dignidade da pessoa humana, do pluralismo de ideias e o democrático), bem como desestimula a tutela interventora estatal em respeito ao reconhecimento da responsabilidade moral de cada indivíduo, que passa a ser tratado como pessoa autoconsciente com capacidade própria para lidar com as diversas mensagens que circulam no mercado de ideias.

O princípio da posição preferente tem ampla aplicação em todas as searas governamentais e da sociedade civil, devendo ser observado igualmente por legisladores, administradores, juízes e operadores privados. À semelhança da recomendação da OFCOM sobre a responsabilidade das OCS em dar cumprimento ao seu Código,[161] podemos concluir que todos os agentes que operam no mercado de ideias são responsáveis por aplicar a preferência da liberdade de expressão no seu cotidiano.

A ampla aplicação desse princípio é resultado de seu desenvolvimento significativo e de sua incorporação nos sistemas jurídicos tanto nacionais quanto internacionais. Um exemplo disso é a Convenção Interamericana de Direitos Humanos, que, ao proibir explicitamente a censura prévia, indiretamente o reconhece e o valida.

No mesmo sentido, o sistema norte-americano restringe drasticamente a possibilidade de controle prévio a três situações, adotando

---

160 "(...) importância instrumental, isto é, não é porque as pessoas têm um direito moral intrínseco de expressar o que querem, mas porque permitir-lhes fazê-lo produzirá boas consequências para o resto de nós (...) O segundo tipo de justificação da liberdade de expressão envolve que a liberdade de expressão é valiosa, não apenas pelas consequências que produz, mas porque constitui uma característica essencial e 'constitutiva' de uma sociedade política justa, em que o governo trate todos os seus membros adultos, exceto aqueles que sofrem de alguma incapacidade, como agentes moralmente responsáveis" (Dworkin, 2019, tradução nossa).

161 "É responsabilidade da emissora cumprir o Código. Os criadores de programas que necessitem de aconselhamento adicional sobre a aplicação deste Código devem, em primeiro lugar, falar com os responsáveis editoriais do programa e com os responsáveis legais e de *compliance* da emissora. OFCOM pode oferecer serviços gerais" (OFCOM, 2020, tradução nossa).

ainda a teoria da real malícia, construída pela Suprema Corte no caso New York Times *v.* Sullivan.[162] Nessa histórica decisão, os juízes consideraram o contexto da época, onde várias ações judiciais impunham multas pesadas aos meios de comunicação. Essas multas ameaçavam a existência das Organizações de Comunicação Social (OCS) e, por extensão, a liberdade jornalística. A decisão visava garantir que a imprensa pudesse exercer seu papel crítico em relação ao governo e à sociedade sem o medo constante de sofrer penalidades financeiras que pudessem comprometer sua sobrevivência.

Nessa linha, são precisas as palavras do TEDH, anteriormente mencionadas, e do Tribunal Constitucional espanhol,[163] que compreendem a posição preferente como critério de ponderação, imprimindo uma aplicabilidade maior às liberdades jusinformativas quando necessárias para satisfazer interesses sociais fundamentais para a sociedade democrática, impondo o mínimo de sacrifício possível para os demais direitos fundamentais.

O Supremo Tribunal Federal brasileiro[164] expressamente reconheceu a posição preferente da liberdade de expressão como vigente em nosso ordenamento jurídico.

---

[162] "Assim, consideramos esse caso no contexto de um profundo compromisso nacional com o princípio de que o debate sobre questões públicas deve ser desinibido, robusto e amplamente aberto" (OFCOM, 2020, tradução nossa, p. 42).

[163] "Assim, nesta resolução afirma-se que os limites aos quais está submetido o direito à liberdade de expressão devem ser sempre ponderados com elevado rigor, tendo em vista a posição preferencial que ocupa a liberdade de expressão, quando esta liberdade entra em conflito com outros direitos fundamentais ou interesses de significativa importância social e política respaldados pela legislação penal. A esse respeito, enfatiza-se que, quando isso acontece, essas limitações sempre devem ser interpretadas de tal modo que o direito fundamental à liberdade de expressão não resulte desnaturalizado, o que obriga o juiz penal a ter sempre presente seu conteúdo constitucional para "não correr o risco de fazer do Direito penal um fator de dissuasão do exercício da liberdade de expressão, o que, sem dúvida, resulta indesejável no Estado Democrático" (España, 2016, tradução nossa).

[164] A ementa da Reclamação nº 18638, de 4 de maio de 2018, que trata da retirada de matéria jornalística de sítio eletrônico por decisão judicial, deixou claro que: "1. No julgamento da ADPF 130, o STF proibiu a censura de publicações jornalísticas e tornou excepcional qualquer tipo de intervenção estatal na divulgação de notícias e de opiniões. 2. A liberdade de expressão desfruta de uma posição preferencial no Estado Democrático brasileiro, por ser uma pré-condição para o exercício esclarecido dos demais direitos e liberdades. 3. O uso abusivo da liberdade de expressão deve ser reparado, preferencialmente, por meio de retificação, direito de resposta ou indenização. Ao determinar a retirada de postagem de rede social, a decisão reclamada violou essa orientação. 4. Reclamação cujo pedido se julga procedente." No bojo da decisão o Ministro relator contempla expressamente a posição preferente da liberdade de expressão ao afirmar: "6. A Constituição de 1988 incorporou um sistema de proteção reforçado das liberdades de expressão, informação e imprensa, reconhecendo uma prioridade *prima facie* dessas liberdades públicas na colisão com outros interesses juridicamente tutelados, inclusive com os direitos da personalidade. Assim,

O amplo acesso proporcionado pelas novas tecnologias da informação possibilita a qualquer pessoa postar mensagens na esfera pública. Assim, conteúdos que discutem temas relevantes para a sociedade recebem proteção especial, não importando a qualificação profissional de quem os publica.

Em suma, a atividade regulatória há de observar como uma primeira diretriz geral a posição preferente da liberdade de expressão como forma de potencializar seu exercício desembaraçado com regra, relegando ao campo da exceção qualquer intervenção estatal ou privada. A agência reguladora deve, portanto, abster-se de regular a mensagem quando inexistente qualquer dado concreto que venha demonstrar a real malícia do emissor capaz de afastar a presunção de preferência da liberdade de expressão.

3.1.2 Necessidade ou intervenção mínima

O princípio da intervenção mínima decorre logicamente dos princípios da proporcionalidade[165] e da posição preferente da liberdade de expressão, direcionando a atividade regulatória de conteúdo em dois aspectos: 1) o uso dessa atividade deve ser reservado apenas aos casos que efetivamente necessitem de correção, movendo-se numa restritíssima área de atuação;[166] e 2) deve ser aplicada a medida eficaz menos lesiva ao exercício da liberdade de expressão afetada. Essa hipótese será desenvolvida no último momento da metodologia, isto é, na regulação corretiva.

Nessa perspectiva, revela-se de fundamental importância no âmbito da regulação de conteúdo se estabelecer uma distinção entre liberdade de edição e de programação. Percebe-se que há certa confusão entre ambas, sendo que, por vezes, são utilizadas como se sinonímias fossem. Contudo, um olhar mais acurado nos revela que cada uma delas

---

embora não haja hierarquia entre direitos fundamentais, tais liberdades possuem uma posição preferencial, o que significa dizer que seu afastamento é excepcional e o ônus argumentativo é de quem sustenta o direito oposto. Consequentemente, é necessário o escrutínio rigoroso de todas as medidas restritivas da liberdade de expressão" (Brasil, 2018).

165 "Isso implica examinar se a intervenção pública é essencial, porque não existe instrumento mais moderado para a alcançar. Dentre os vários meios possíveis, deve-se escolher aquele que implique menor restrição na esfera jurídica dos atingidos (...)" (Fernández Nieto, 2008, p. 428, tradução nossa).

166 "O maior pluralismo possível é alcançado estabelecendo as condições para a sua existência. Somente quando não surge espontaneamente o Estado deve intervir" (Freijedo, 2002, p. 77, tradução nossa).

tem seu próprio objeto, gerando consequências jurídicas diversas no campo regulatório. No Brasil, por exemplo, o artigo 4º, I e II, combinados com o artigo 9º, parágrafo único, ambos da Lei nº 12.485/2011, separam expressamente a ação de produção da de programação de conteúdos audiovisuais, possibilitando a regulação e a fiscalização pelo agente regulador (Ancine) apenas no que tange à segunda.[167]

O próprio significado comum das palavras editar e programar encontrado em nossos dicionários[168] nos fornece um norte seguro para a distinção entre ambas. De fato, a liberdade de edição diz respeito à criação e alteração da mensagem e está intrinsecamente ligada às liberdades de pensamento e expressão, sendo, na verdade, produto da "conversa" entre elas. Meditamos em algo através de nosso discurso silencioso, e passamos a tentar exprimi-lo, num movimento de vaivém, de compor e modificar, de fazer e corrigir, de construir e desconstruir, refletindo sobre qual conteúdo queremos comunicar e qual a melhor forma de expressá-lo. Nesse processo dinâmico e complexo, partes do pensamento original são perdidas ou alteradas até chegarmos ao resultado final expressado pela linguagem. Editar é, sem dúvida, a ação de criar e modificar sentidos e referências das sentenças.

Por outro lado, programar nos remete a ideia de planejar o que, no âmbito da comunicação social, leva-nos a conceber a liberdade de programação como a faculdade de planificar tanto a grade de programas dentro de um período (diário, semanal, mensal etc.) quanto cada programa em si, entendido como parte autônoma da grade de um meio de comunicação social.[169] Essa liberdade atua em momento posterior à

---

[167] O Art. 2º, IV, VII e XVII, da Lei nº 12.485/2011 apresenta definições que lançam luzes na distinção destas liberdades:
"IV - Canal de Programação: resultado da atividade de programação que consiste no arranjo de conteúdos audiovisuais organizados em sequência linear temporal com horários predeterminados;
VII - Conteúdo Audiovisual: resultado da atividade de produção que consiste na fixação ou transmissão de imagens, acompanhadas ou não de som, que tenha a finalidade de criar a impressão de movimento, independentemente dos processos de captação, do suporte utilizado inicial ou posteriormente para fixá-las ou transmiti-las, ou dos meios utilizados para sua veiculação, reprodução, transmissão ou difusão;
XVII - Produção: atividade de elaboração, composição, constituição ou criação de conteúdos audiovisuais em qualquer meio de suporte (...) (Brasil, 2011, Cap. I).

[168] Disponível em: https://x.gd/q8XCm. Acesso em: 4 mar. 2024.

[169] "O ordenamento jurídico introduz, de forma parcial e fragmentária (e muitas vezes com ineficiência característica), a obrigação dos operadores de difundirem séries diversas de programas ou conteúdos externos, que escapam à sua chamada liberdade editorial e, claro, implicam uma nova intervenção na liberdade de programação, desta vez com fácil justificação constitucional (art. 1.1, 20.1 d) e 20.3 CE)" (Roca, 2004, p. 105, tradução nossa).

criação dos conteúdos que compõem os programas, não interferindo no valor semântico deles. Portanto, os operadores podem livremente selecionar e agrupar os conteúdos em unidades próprias (programas), bem como determinar a organização interna e externa dessas unidades, isto é, programar resulta em selecionar os conteúdos e determinar o tempo, espaço e forma de cada um deles para constituir um programa, além de definir como serão dispostos na grade.[170]

Ressalta-se que a forma de apresentação do programa e de sua grade, que pode obedecer a uma sequência linear ou simultânea, não se confunde com a forma de apresentação dos conteúdos que compõem os programas: aquela faz parte da liberdade de programação; esta é albergada pela de edição, pois faz parte do sentido da sentença.

Como exemplo, podemos tomar o telejornal como um programa destinado a divulgar notícias e que dura em média uma hora numa emissora de televisão. Dentre as diversas reportagens produzidas por repórteres e editores, seleciona-se quais delas farão parte do telejornal, determinando o tempo, o espaço e a forma de apresentação. No Brasil se percebe nitidamente que as notícias mais relevantes (escândalos de corrupção, tragédias etc.) são veiculadas logo no início e ocupam grande parte do telejornal, ao passo que as notícias mais amenas e relacionadas ao entretenimento, especialmente os desportos são colocados ao final. Além dessa ordenação interna do programa, o MCM também define o que será apresentado durante todo o dia, o que vem antes e depois do referido telejornal.

Em suma, toda atividade destinada a ordenar e formatar os conteúdos produzidos dentro dos programas e das grades, determinando forma, tempo e espaço de cada um deles, está albergada pela liberdade de programação, enquanto a produção e a alteração dos próprios conteúdos dizem respeito à liberdade editorial.

Ao contrário da liberdade de programação, a regulação da liberdade de edição afeta diretamente o núcleo da liberdade de expressão das pessoas por interferir no valor semântico da sentença. É justamente por atingir o próprio conteúdo da comunicação que sua regulação

---

170 J. Canotilho e Jónatas Machado (2003, p. 28) afirmam que a liberdade de programação implica a "possibilidade de conformação autônoma, pelo operador, de uma sequência de planeada e ordenada de conteúdo publicísticos de natureza óptica e acústica, com vistas à sua difusão dirigida ao público, entendida como uma grandeza publicística integrando diferentes subpúblicos com interesse, valores, gostos e sensibilidades diferentes".

requer a menor intervenção possível, sob pena de transformar-se em atividade censória.

Esse maior cuidado em se regular a liberdade de edição está alinhado com a jurisprudência da Suprema Corte norte-americana antes mencionada sobre a regulação com base no conteúdo. Neste caso o ato regulatório passa automaticamente por um exame de constitucionalidade mais rigoroso, dificilmente prosperando à análise, a não ser que o regulador demonstre que agiu dentro de uma imperiosa necessidade e que usou adequadamente o meio disponível menos lesivo para intervir.

Da mesma sorte, um sistema de maior proteção da liberdade de expressão em sentido amplo nos convida a fazer análise mais rigorosa quando estamos diante de uma regulação do conteúdo do enunciado que interfere na liberdade de edição, geralmente através de regulação restritiva, ao passo que o controle da liberdade de programação é mais amplo, requerendo uma verificação menos rígida através de métodos ampliativos que fomentem o tripé comunicativo.

Esse sistema protetor deve desestimular com maior intensidade qualquer regulação que se aproxime do núcleo básico da liberdade de expressão, que é inegavelmente o valor semântico da sentença. Levando-se em conta a tríade jusfilosófica e focando a perspectiva da necessidade, sugere-se a adoção de um mecanismo de defesa baseado na permissibilidade regulatória progressiva, à medida que se afaste do conteúdo da mensagem (do centro à periferia). A parte mais protegida deve ser o núcleo, no qual a regulação deve ser mínima e excepcional.

Propõem-se dois passos que se centrem na análise de qual elemento da comunicação está sendo objeto de regulação, associado à medida corretiva minimamente invasiva que deve ser tomada.

No primeiro passo, verifica-se qual o elemento afetado, se periférico (emissor, receptor, canal e código) ou nuclear (sentido e referência). Na primeira hipótese, parecido com a *racional-basis review*[171] [revisão de base racional], há maior possibilidade de regulação, sendo válido o ato quando presentes os requisitos normais que caracterizam o poder de polícia estatal. No entanto, caso o valor semântico seja, direta ou reflexamente (mas em razão deste), objeto da atividade regulatória, estaremos diante da regulação de conteúdo, e deve-se prosseguir a um segundo passo para saber se estamos diante de conteúdos sensíveis:

---

[171] O *site* Subscriptlaw informa de modo didático e resumido o entendimento da Suprema Corte. Disponível em: https://x.gd/kRcFl. Acesso em: 15 jan. 2024.

em caso negativo, será realizada regulação ampliativa, que interfere com a liberdade de programação, nos moldes do *intermediate scrutiny* [verificação intermediária]; em caso positivo, a regulação restritiva que afeta a liberdade editorial, correspondente ao *strict scrutiny* [verificação rigorosa]. Para melhor elucidação dessa metodologia, podemos representá-la da forma a seguir:

Figura 2 - Processo comunicativo × atividade regulatória

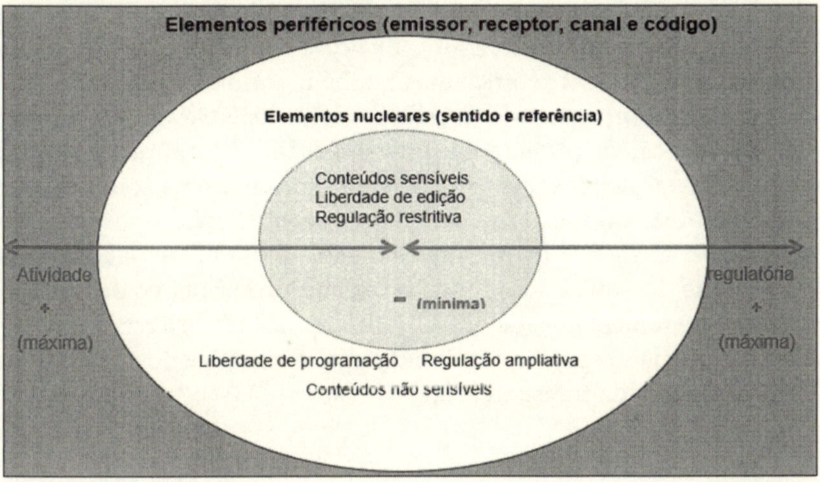

Fonte: Elaboração do autor.

Portanto, o modelo proposto nos permite delimitar de forma mais clara como o agente regulador pode atuar em obediência à intervenção mínima requerida pela regulação de conteúdo.

3.2 Regulação geral

A regulação geral se baseia na observância de dois princípios chaves relativos à liberdade de expressão. Nessa primeira etapa, não se investiga se o conteúdo específico de cada mensagem atende aos requisitos de qualidade inerentes ao seu tipo. A análise deve ser abrangente e contextual e pode envolver tanto os programas quanto a programação da OCS, assim como o tipo específico da mensagem em questão, sem, contudo, aprofundar-se na avaliação de seus pressupostos intrínsecos de qualidade.

A distinção entre regulação geral e específica se tornará mais clara conforme progredirmos na metodologia proposta. Entretanto, importa antecipar que a regulação específica implica na categorização da mensagem em diferentes espécies, cada uma com seus requisitos próprios de qualidade, essenciais para sua validade no mercado de ideias. Enquanto a regulação geral pode incluir uma análise preliminar do tipo de mensagem, aprofundar-se na avaliação dos referidos requisitos caracteriza a transição para a regulação específica.

Por outro lado, os princípios que discutiremos a seguir estabelecem uma conexão direta e significativa com a liberdade de expressão. Respeitá-los não só a reforça, mas também enriquece sua aplicação. Existem outros princípios de nível de abstração mais elevado que impactam a regulação de conteúdo de maneira indireta. Contudo, é notório que os dois princípios que analisaremos oferecem uma compreensão mais clara na condução das atividades regulatórias, assimilando a substância normativa de princípios menos diretamente relacionados à liberdade de expressão. A título de exemplo, o princípio da identificação, estreitamente ligado à liberdade supracitada, exerce um poder regulatório mais específico na atividade comunicativa do que o abrangente princípio da transparência.

3.2.1 Neutralidade

Operadores e o próprio agente regulador cumprem o princípio da neutralidade quando desempenham suas atividades de forma imparcial, sem a intenção de favorecer especificamente algo ou alguém, e são motivados unicamente pelo cumprimento das funções que o ordenamento jurídico lhes acomete.

O Código de radiodifusão da OFCOM, com razão, ressalta que o conceito de imparcialidade deve levar em consideração o contexto em que se insere a mensagem,[172] de tal sorte que a análise observe o programa ou a programação como um todo.

---

[172] "Significado de 'devida imparcialidade': 'devida' é uma qualificação importante para o conceito de imparcialidade. A própria imparcialidade significa não favorecer um lado em detrimento de outro. 'Devido' significa adequado ou apropriado ao tema e natureza do programa. Portanto, a 'devida imparcialidade' não significa que uma divisão igual de tempo tenha de ser dada a todos os pontos de vista, ou que todos os argumentos e todas as facetas de todos os argumentos tenham de ser representados. A abordagem à devida imparcialidade pode variar de acordo com a natureza do assunto, o tipo de programa e canal, a expectativa provável do público quanto ao conteúdo e a medida em que o conteúdo

A neutralidade deve levar em consideração dois aspectos importantes: a espécie de mensagem e o comportamento – ativo ou passivo – dos agentes do mercado de ideias.

Em se tratando de mensagens que retratam uma realidade externa ao ser humano (notícias) – em que se utiliza predominantemente a linguagem descritiva –, a neutralidade se fundamenta na relevância da notícia, sem se preocupar quem serão os eventuais beneficiados ou prejudicados com a sua veiculação.

A liberdade editorial dá ao MCM um leque amplo de possibilidades para escolher quais fatos – em nível local, regional ou global – merecem sua atenção para transformar em mensagem que serão lançadas no mercado de ideais. A dimensão institucional da liberdade de expressão, por sua vez, implica que, dentro do conjunto de fatos noticiáveis – o emissor selecione, em regra, aqueles que despertam maior interesse geral da sociedade. Efetivamente, a escassez de tempo e de recursos dos veículos de comunicação social diante da pluralidade de fatos que se sucedem vertiginosamente os obriga a primar pela eficiência na informação, selecionando os mais importantes para os interesses da sociedade. Como o emissor, no âmbito do seu direito/dever de noticiar, é mero transmissor de uma realidade e seu contexto, sem que venha a agregar convicções pessoais próprias ou de terceiros, sua neutralidade restará comprovada se estiver demonstrado que sua opção – de divulgar, ou não, esse ou aquele fato – foi conduzida pelo critério da relevância.

A relevância da notícia está assentada primordialmente no fato atual, na sua novidade.[173] José Maria Guanter afirma que o critério a ser utilizado pelo comunicador é o da atualidade, acabando por destacar três significados dessa palavra: o "entitativo" (a efetiva, em oposição a potencial, sucessão dos atos, cadeia de movimentos realizados), cronológico (momento presente – ao vivo – ou um pretérito imediato) e o dialético (interesse despertado pela divulgação de um fato inicial),[174]

---

e a abordagem são sinalizados ao público. O contexto, conforme definido na Seção Dois: Danos e Ofensas ao Código, é importante" (OFCOM, 2020, tradução nossa).

173 "A etimologia da palavra ajuda na sua compreensão, visto que notícia, segundo alguns doutrinadores, deriva do latim *novus*, que indica o conhecimento de fatos novos ou com alguma novidade" (Guanter *et al.*, 1994, v. II, p. 57). O dicionário *Michaelis* corrobora com tal sentido: "1. Conhecimento, informação. 2. Novidade; nova" (Notícia, 1998, p. 900).

174 Guanter *et al.*, 1994, v. II, p. 62-5.

A notícia de interesse geral quanto mais atual for, em regra, mais relevante será, ante sua característica de algo novo a chamar a atenção do público.[175] A novidade diz respeito ao momento em que o fato é divulgado ao conhecimento da sociedade e não quando este efetivamente ocorreu. Há fatos que ficam em segredo por anos e, quando finalmente são publicizados, geram extrema atenção pelo interesse geral que despertam, sendo, portanto, atuais e relevantes.

A relevância, pois, há de ser tomada pela importância gerada pela notícia no seio da sociedade, como fonte de conhecimento para a formação pessoal e da opinião pública. Ela deve ser aferida pelo comunicador na hora de selecionar as matérias que vão ser veiculadas. Aqui vige plenamente a liberdade de imprensa do jornalista que deve orientar sua atividade com o fito de sempre buscar as notícias mais importantes para a população. Tal qual a veracidade, conforme veremos em momento próprio, a dificuldade na sua aferição e a subjetividade humana não podem ser motivos para afastá-las como guia de reconhecimento da neutralidade da notícia.

A omissão de um meio de comunicação em difundir fatos relevantes, substituindo-os por outros menos importantes, desde que tal conduta se enderece ao benefício de interesses particulares ou de grupos específicos, também infringe a neutralidade. Apesar de ser muito mais difícil de aferir, a conduta omissiva é instrumento utilizado com frequência para não dar publicidade a fatos que levariam a população a empreender algum debate de interesse geral.

Segundo a teoria da comunicação da *agenda-setting*, os OCS pautam a maioria das questões discutidas cotidianamente no bojo da sociedade. Eles dirigem nossa atenção para determinados temas que provavelmente se tornarão o "assunto do dia" na boca das pessoas. Há um processo de "transferência de relevância de temas da agenda dos meios à agenda do público",[176] o que é um efeito que decorre naturalmente do simples exercício da liberdade de expressão destes veículos dentro do mercado livre de ideias. Tal poder, contudo, há de ser exercido dentro do fio condutor da neutralidade em que os operadores perseguem finalidades públicas e não interesses particulares ou sectários.

---

[175] O art. 51, 1-c da Lei de Televisão portuguesa impõe às concessionárias a obrigação de "c) Proporcionar uma informação isenta, rigorosa, plural e contextualizada, que garanta a cobertura noticiosa dos principais acontecimentos nacionais e internacionais (...)" (Portugal, 2007).

[176] Díaz, 2004, p. 61.

Como se verá oportunamente, a falta de neutralidade, apesar de difícil comprovação, abre a possibilidade de correção por meios pluralizantes que permitam a difusão de outros fatos que venham a contrastar um anteriormente divulgado ou suprir a deliberada omissão em relação a determinado tema que eventual MCM não deseja pautar, mitigando assim os efeitos da *agenda-setting*.

À semelhança da notícia, a ideia também deve ser veiculada de maneira que conduza o usuário a entender seus pontos centrais e o viabilize a refletir sobre o pensamento difundido. Mas não é só: quando se trata de pontos de vista polêmicos e de interesse geral, a OCS deve ter o cuidado de transmitir também o pensamento divergente,[177] justamente para que o público possa avaliá-los de maneira mais crítica, de modo a não se tornar apenas depositário de ideias unilaterais. A neutralidade reclama uma abordagem dialética sobre o assunto tratado. Quando se trata de opinião, que veremos a seguir, mais ainda se faz necessário colocar as opiniões opostas, pois, dependendo do critério utilizado, ainda que as premissas sejam idênticas, pode-se chegar a conclusões diversas.

Não se pode esquecer de que é possível, semelhantemente às notícias, pautar debates de interesse público quando há omissão do OCS em explorar o assunto. Nesse caso, as medidas pluralizantes devem possibilitar a apresentação de ambos os lados do tema a ser discutido.

Em relação às mensagens de propaganda e de entretenimento, percebe-se uma mitigação do princípio da neutralidade devido aos seus objetivos específicos: estímulo ao consumo de produtos e serviços, e promoção do lazer e divertimento, respectivamente, conforme será demonstrado mais adiante.

Por fim, tudo o que foi explanado é plenamente aplicável para os MCM generalistas; no entanto, o princípio da neutralidade sofre sensível mitigação quando o OCS é temático.[178] Nesse caso, a transparência é fundamental para legitimar a atividade do operador no mercado, pois

---

[177] O art. 50.1 da Lei de Televisão portuguesa é claro nesse sentido:
"Artigo 50º
Princípios. 1 - A estrutura e o funcionamento do operador de serviço público de televisão devem salvaguardar a sua independência perante o governo, a Administração Pública e os demais poderes públicos, bem como assegurar a possibilidade de expressão e confronto das diversas correntes de opinião" (Portugal, 2007).

[178] O art. 8º, 2 e 3, da Lei de Televisão portuguesa nos fornece a distinção entre programação generalista e temática, a saber:
"(...) Tipologia de serviços de programas televisivos (...)
2 - Consideram-se generalistas os serviços de programas televisivos que apresentem uma programação diversificada e dirigida à globalidade do público.

o público deve ter plena ciência de sua linha editorial específica que justifica seu comportamento parcial em determinados assuntos. Um exemplo típico, são as redes de radiodifusão evangélicas que professam claramente um credo e sua programação é voltada, dia e noite, para cativar seus membros, bem como fazer chegar suas mensagens ao restante do público. Nesse sentido, não se pode exigir de um canal evangélico que transmita fatos ou ideias relativos à umbanda, espiritismo etc. que venha de encontro a seus dogmas.

A mitigação da neutralidade dos OCS não significa exoneração; devem ser sempre sopesados o conteúdo da mensagem, o contexto e a linha editorial para se aferir se, em determinado momento, o princípio foi obedecido.

3.2.2 Identificação[179]

O princípio da identificação está diretamente vinculado ao princípio da transparência, obrigando os operadores a deixar claro ao usuário que espécie de mensagem estão divulgando.[180]

As mensagens podem ser classificadas em algumas espécies cujas características próprias permitem ao receptor prontamente perceber qual sua finalidade básica mesmo sem avançar para uma análise mais rigorosa de seu sentido. Ao nos depararmos com uma propaganda, por exemplo, sabemos que o conteúdo está direcionado a nos convencer a comprar determinado produto ou serviço.

Os operadores têm o ônus de identificar clara e tempestivamente a espécie da mensagem que estão veiculando. A transparência do emissor na identificação da mensagem deve chegar a nível tal que permita ao usuário saber de forma antecipada ou logo no início da divulgação de que espécie se trata, justamente para que ele decida se deseja consumir o respectivo conteúdo. Além disso, a identificação da espécie

---

3 - São temáticos os serviços de programas televisivos que apresentem um modelo de programação predominantemente centrado em matérias ou géneros audiovisuais específicos, ou dirigido preferencialmente a determinados segmentos do público" (Portugal, 2007).

[179] Neste capítulo, revisitamos nossa dissertação de mestrado apresentada em 2005 na Universidade Federal do Pará (Belém-PR), intitulada *A qualidade dos serviços de comunicação social segundo a Constituição Federal* (2005). Obviamente, extraímos apenas partes que foram atualizadas e alteradas para se acomodarem neste trabalho.

[180] "A necessidade de identificação da mensagem não rege apenas a publicidade, mas também a propaganda e a mídia noticiosa, haja vista que esse princípio se refere à comunicação social como um todo. O princípio da identificação da mensagem coíbe qualquer espécie de estímulo sub-reptício, ou seja, as publicidades e propagandas subliminares e ocultas (ou encobertas), vedando, ipso facto, um merchandising não identificado" (Fernandes Neto, 2004, p. 91).

da mensagem possibilita ao usuário avaliar se o seu conteúdo está em conformidade com os requisitos que lhes são próprios, bem como, o eventual valor ilocucionário presente.

A importância desse princípio consiste na imperiosa necessidade de evitar primordialmente que o usuário confunda as diversas espécies de mensagens que consome diariamente, dificultando sua análise crítico racional e sua tomada de decisão em face da não percepção de qual jogo de linguagem está em andamento.

Um exemplo típico de infração a esse princípio é o merchandising, comumente visto em telenovelas e filmes, em que o consumidor está disposto a consumir entretenimento, no entanto, o criador do programa, devidamente remunerado pela respectiva empresa, inclui a utilização e a visualização de produtos disponíveis no mercado, sem aviso de que se trata de propaganda, mas com claro intuito de induzimento a sua aquisição. O artigo 36 do CDC claramente alberga o princípio da identificação ao determinar que: "A publicidade deve ser veiculada de tal forma que o consumidor, fácil e imediatamente, a identifique como tal."

De fácil apreensão, o princípio da identificação tem grande importância na regulação da programação em geral do OCS, recebendo reconhecimento normativo em diversos países, dos quais podemos citar a Espanha,[181] Portugal[182] e Inglaterra.[183]

Em suma, a atividade regulatória tem como uma de suas funções não permitir que os operadores mesclem as mensagens de tal sorte que confunda a percepção do usuário, o que lhe dificultará avaliar: 1) se deseja consumir aquele tipo de conteúdo; 2) se os requisitos de validade

---

[181] O artigo 13.1 da Lei nº 7/2010 – Lei Geral da Comunicação Audiovisual – prescreve que: "A publicidade televisiva e a televenda deverão ser facilmente identificáveis como tais e distinguir-se do conteúdo editorial" (Espanha, 2010). Há ainda o art. 3.2 do Estatuto da RTVE, a saber: "Artigo 3. Encomenda do serviço público de rádio e televisão. 2. No exercício de sua função de serviço público, a Corporação RTVE deverá: b) Garantir a informação objetiva, veraz e plural, que deverá ajustar-se plenamente ao critério de independência profissional e ao pluralismo político, social e ideológico presente em nossa sociedade, assim como a norma de distinguir e separar, de forma perceptível, a informação da opinião" (RTVE, [2024], grifos nossos).

[182] O art. 14, I, a) do Estatuto do Jornalista Português (Lei nº 1/99) determina: "Art. 14. Deveres. 1 - Constitui dever fundamental dos jornalistas exercer a respectiva actividade com respeito pela ética profissional, competindo-lhes, designadamente: a) Informar com rigor e isenção, rejeitando o sensacionalismo e *demarcando claramente os factos da opinião*" (Portugal, 1999, grifos nossos).

[183] "Seção nove: referências comerciais na programação televisiva. As regras garantem que os princípios de independência editorial; distinção entre publicidade e conteúdo editorial; transparência dos arranjos comerciais; e proteção ao consumidor sejam mantidos" (OFCOM, 2020).

da mensagem emitida estão presentes e 3) qual jogo de linguagem está em andamento.

3.3 Regulação específica

Após a análise da regulação geral, deve-se examinar os aspectos específicos de cada mensagem. Isso envolve estudar o conteúdo da comunicação para categorizá-lo e classificá-lo em diferentes tipos, identificando os padrões de qualidade específicos de cada um deles. O papel do regulador, nesse contexto, é intervir apenas quando esses padrões de qualidade não são atendidos, assegurando que a regulação seja precisa e apropriada ao conteúdo em questão.

É importante justificar o critério que utilizamos para classificar as mensagens que, em última análise, é o fio condutor da regulação específica. A esfera pública atual, especialmente após a ascensão das redes sociais, chamou a atenção para a figura dos influenciadores. Talvez não haja nos dias de hoje uma palavra que melhor caracterize o mercado de ideias. Cada mensagem divulgada tem o potencial de mudar pensamentos e comportamentos de um número incontável de pessoas ao redor do mundo. A monetização deste poder gerou uma disputa sem igual por uma fatia deste "livre mercado de influências". Diante do vasto volume de conteúdos que recebemos constantemente, é essencial que a atividade regulatória impeça que a finalidade específica de cada tipo de mensagem seja desvirtuada, dificultando ao consumidor avaliar adequadamente seu uso.

Deste modo, o segundo trabalho de Wittgeinsten que introduziu a profícua noção de jogos de linguagem é ponto de partida para o estudo do valor semântico da comunicação e sua classificação, pois o critério finalístico é o que melhor nos orienta a chegar a uma categorização de conteúdo que permita balizamento mais objetivos para a atividade regulatória. Não se pode perder de vista que toda mensagem lançada na esfera pública tem um fim a alcançar, do qual o usuário deve estar ciente, o quanto antes, para que possa utilizá-la da forma que lhe aprouver, ou até mesmo descartá-la.

O estruturalismo linguístico de Roman Jakobson, que aperfeiçoou a teoria da tríplice função da linguagem de Karl Buhler,[184] fornece

---

[184] "A visão sematológica do mesmo conjunto de fatos revela três funções de signo (que, no entanto, não são exatamente paralelas às etapas de multiplicação); revela um significado

subsídios importantes para traçarmos caminhos mais estreitos e objetivos em que o regulador pode caminhar de forma mais segura, sem ultrapassar os limites de sua competência regulatória.

Na lição clássica de Jakobson, a cada elemento da comunicação – emissor, receptor, mensagem, referência, canal e código – corresponde uma função da linguagem – respectivamente, função expressiva ou emotiva; conativa; poética; referencial; denotativa ou cognitiva; fática e metalinguística.[185] Essa visão, que interliga o estruturalismo ao funcionalismo, demonstra que a função da linguagem determinada pela intenção das partes no jogo de linguagem desenvolvido se estabelece de acordo com a atenção dirigida predominantemente a um ou mais elementos básicos da comunicação.[186]

Em face da complexidade do processo comunicativo é sempre válida a advertência de Jakobson de que dificilmente o foco se concentra em apenas um elemento, sendo mais frequente, em dado momento, a inclinação predominante a um elemento específico com a participação acessória dos demais.[187]

Levando-se em consideração as questões anteriores, a mensagem deve ser classificada com os olhos voltados simultaneamente a

---

objetivo (a coordenação) que pertence à imagem acústica da palavra e para a própria imagem acústica da palavra a descrição fonética discriminada; e distinto disso, também revela o signo do campo nos contextos" (Buhler, 2011, p. 42, tradução nossa).

185 "A linguagem deve ser estudada em toda a variedade de suas funções (...). Para se ter uma idéia geral dessas funções, é mister uma perspectiva sumária dos fatores constitutivos de todo processo lingüístico, de todo ato de comunicação verbal, O REMETENTE envia uma MENSAGEM ao DESTINATÁRIO. Para ser eficaz, a mensagem requer um CONTEXTO a que se refere (ou "referente", em outra nomenclatura algo ambígua), apreensível pelo destinatário, e que seja verbal ou suscetível de verbalização; um CÓDIGO total ou parcialmente comum ao remetente e ao destinatário (ou, em outras palavras, ao codificador e ao decodificador da mensagem); e, finalmente, um CONTACTO, um canal físico e uma conexão psicológica entre o remetente e o destinatário, que os capacite a ambos a entrarem e permanecerem em comunicação" (Jakobson, 2008, p. 121-122).

186 "Paveau e Sarfati (2006) e Wedwood (2002, p.138) esclarecem que a principal característica do Círculo de Praga é a combinação do estruturalismo com o funcionalismo, sendo sua ideia geral a de que a estrutura das línguas é determinada por suas funções, conceito muito trabalhado por Jakobson" (Santee; Temer, 2011, p. 78).

187 "Cada um desses seis fatores determina uma diferente função da linguagem. Embora distingamos seis aspectos básicos da linguagem, dificilmente lograríamos, contudo, encontrar mensagens verbais que preenchessem uma única função. A diversidade reside não no monopólio de alguma dessas diversas funções, mas numa diferente ordem hierárquica de funções. A estrutura verbal de uma mensagem depende basicamente da função predominante. Mas conquanto um pendor (*Einstellung*) para o referente, uma orientação para o CONTEXTO – em suma, a chamada função REFERENCIAL, "denotativa", "cognitiva" – seja a tarefa dominante de numerosas mensagens, a participação adicional de outras funções em tais mensagens deve ser levada em conta pelo lingüista atento" (Jakobson, 2008, p. 122).

sua função e, por força desta, a atenção predominante dada a certos elementos da estrutura da linguagem. O emissor, na busca da satisfação de seu propósito específico, emprega a linguagem imprimindo-lhe uma função através da maior atenção dada a determinado elemento da comunicação. O receptor, por sua vez, ciente previamente dessa categorização, ao perceber o foco predominante em certo elemento da comunicação, reconhece a função utilizada e, por consequência, forma uma preconcepção, ainda que genérica, da intenção do falante.

A percepção prévia da função da linguagem e da intenção do emissor possibilita ao destinatário, num primeiro momento, optar pelo consumo, ou não, da mensagem mesmo sem ter tido contato com o conteúdo integral da sentença. A catalogação da grade de programação de um canal de televisão ou a leitura dos títulos, por exemplo, permite-nos escolher, de antemão, que tipos de conteúdo queremos conhecer, se noticiários, ideia, entretenimento etc., contribuindo para o exercício de nossa liberdade de receber informação, conforme previsto no artigo 19 da Declaração Universal dos Direitos do Homem. De fato, a infinidade de mensagens postas à nossa disposição atualmente nos compele a ser rápidos na seleção do que queremos consumir,[188] o que é facilitado pelo conhecimento da categoria da mensagem que se oferece como candidata a conhecermos.

Por outro lado, a identificação prévia da espécie de mensagem dirige igualmente a atenção do receptor para o elemento da comunicação predominante, a fim de observar se a mensagem cumpre seus requisitos de validades específicos,[189] o que influenciará a posterior decisão sobre sua utilidade. Ao perceber que se trata de uma notícia, o usuário obviamente ficará atento para a veracidade e a objetividade do fato. Caso positivo, esse dado poderá ser incorporado ao seu acervo de conhecimento, contribuindo para formar sua autodeterminação. Caso contrário, vai descartá-la pela falta de fiabilidade de seu conteúdo.[190]

---

188 "Por outro lado, o cidadão tem o direito de receber e selecionar as informações e opiniões que desejar (...) na dupla face do direito à informação: a ativa, de divulgar, e a passiva, de receber informações verdadeiras, e, 'em sentido contrário', de não receber mensagens indesejadas" (Serna, 2004, p. 80; 340, tradução nossa).

189 "A autonomia desses três componentes estruturais é sustentada pela circunstância de cada um deles oferecer peculiaridades importantes em cada caso. Cada componente está associado a uma característica constitutiva da compreensão linguística diferenciada" (Habermas, 1992, v. II, p. 92, tradução nossa).

190 Nesse sentido, o Relatório da Unesco (Comissão Internacional para o Estudo dos Problemas da Comunicação, 1983, p. 286) afirmou: "O fomento do espírito crítico e do discernimento é uma responsabilidade essencial que deve ser assumida conjuntamente pelos educadores

Dentro da perspectiva do livre mercado de ideias, o conteúdo vinculado à mensagem se caracteriza em um bem de consumo com valor econômico,[191] e por essa razão analisaremos os requisitos de cada espécie como requisitos de qualidade dentro do âmbito consumerista. Cabe advertir que José Maria Guanter só considera mensagens aquelas que preenchem os seus requisitos e fins específicos, não qualificando como tal as demais.[192] Para ele, uma notícia falsa, por exemplo, não é uma mensagem por lhe faltar o requisito essencial da veracidade.

Entendemos de modo diverso, uma vez que a mensagem abarca tudo aquilo que é objeto de comunicação, o que nos leva a concluir que a notícia falsa também é uma mensagem. Cabe aqui novamente aprender com os ensinamentos de Frege,[193] que distinguiu num enunciado o conteúdo asserível e o asserido: no primeiro, presume-se uma referência para fins de apreender-se o conteúdo da sentença; no segundo, há o efetivo julgamento sobre o seu valor de verdade. Vai-se do sentido ao referente para constar a veracidade do enunciado.

No sentido alargado de conteúdo que delimitamos anteriormente, em que a referência abarca o objeto nos atos proposicionais e a intenção subjacente nos ilocucionários, o conteúdo asserido é o resultado justamente da análise se determinada espécie de mensagem preenche os requisitos de qualidade que lhes são intrínsecos.

Desse modo, melhor considerarmos que a mensagem que não apresenta seus requisitos próprios não serve às suas finalidades específicas, faltando-lhe a qualidade necessária para o consumo. Há um vício de qualidade que a torna inapta para cumprir sua função social. Portanto, ao discorrer sobre os requisitos da mensagem, na verdade, estamos falando sobre a qualidade que ela deve apresentar em face

---

e pelos responsáveis pela comunicação. É preciso que o indivíduo seja capaz de distinguir entre o verdadeiro e o falso, de separar a opinião e os fatos, de levar em conta a subjetividade do informador, e de distinguir entre o que é efêmero, insignificante e o que é duradouro, sólido e sério. Com essa condição, também os leitores, ouvintes e espectadores poderão sentir, em relação às mensagens que chegam a eles, uma dúvida construtiva, ao procurar deduzir da massa de dados e informações os que merecem maior consideração, suportam o exame e correspondem à sua experiência social pessoal."

191 Luis Gustavo Grandinetti C. Carvalho (2002) faz interessantes comentários sobre a questão.

192 Guanter *et al.*, 1994, v. II, p. 14.

193 A esse propósito, escreve Frege em outro lugar (2009, p. 211): 'Um juízo (*Urteil*) para mim não é a mera apreensão (*Fassen*) de um pensamento, mas o reconhecimento (*Anerkennung*) de sua verdade'. Cumpre assim não confundir pensamento (conteúdo asserível) com juízo (conteúdo asserido), uma vez que é possível apreender um pensamento sem, com isso, reconhecer seu valor de verdade."

das normas vigentes em uma dada ordem jurídica. Por conseguinte, o *regulador somente pode atuar nas hipóteses em que a mensagem não obedeceu a algum requisito de qualidade que lhe é exigido*.

Nossa proposição é classificar o gênero (mensagem) segundo sua estrutura e finalidade em cinco espécies: notícia, ideia, opinião, propaganda e entretenimento.

De origem controvertida, é factível que a palavra mensagem deriva do vocábulo latim *missus*, particípio do verbo *mittere*, que significa enviar, isto é, é algo que se envia, que se transmite ou que se comunica.[194] Portanto, por mensagem devemos entender o modo de apresentação do referente (sentido) que contribui para a formação do valor semântico e que é transmitido através da linguagem, ou, em palavras mais singelas, tudo aquilo que é transmitido num processo comunicativo.

A notícia e a ideia são mensagens simples[195] que possuem requisitos próprios decorrentes da natureza de suas estruturas que, por consequência lógica, prestam-se a finalidades diversas. Por outro lado, as demais mensagens – denominadas de compostas – se formam a partir da combinação das simples, associadas a finalidades específicas que reclamam um tratamento diferenciado.

A efetiva possibilidade de diferentes combinações das mensagens simples associada a uma nova finalidade revela que, em tese, há potencialmente uma infinidade de mensagens complexas que podem surgir a todo momento.[196] Dentro dessa temática, Austin enfatizou a dificuldade de determinar o sentido de uma expressão, dada as inúmeras possibilidades de sua utilização.[197]

---

[194] Guanter *et al.*, 1994, v. II, p. 13.

[195] "Todas as mensagens simples que podemos encontrar reduzem-se a duas: aquelas que difundem uma realidade interna do informante (ideias, pensamentos, emoções, imaginações etc., todo o mundo interior que alguns autores, como vimos, chamam de 'arrealidade ', que não deve ser confundida com 'irrealidade', que é nada); e aquelas que divulgam uma realidade externa ao informante ou realidade em sentido estrito (fatos, acontecimentos, dados, fenômenos etc.). Não pode haver um terceiro gênero" (Guanter *et al.*, 1994, v. II, p. 22, tradução nossa).

[196] "No entanto, a maioria das mensagens que encontramos ou criamos são complexas ou compostas pelos elementos que caracterizam cada uma das mensagens simples. A possibilidade de existência diferenciada de mensagens complexas é inúmera, pois combinam as diferentes doses em que entram uma ou outra das mensagens ideológicas ou factuais e os diferentes papéis que essas mensagens simples desempenham: avaliação, verificação, promoção etc." (Guanter *et al.*, 1994, v. II, p. 22, tradução nossa).

[197] "A dificuldade reside antes no número de significados diferentes de uma expressão tão vaga como 'como estamos usando' a frase. Isso também pode referir-se ao ato locucionário e, ainda, aos atos perlocucionários (...) Quando realizamos um ato locucionário utilizamos a fala, mas de que maneira precisa a estamos utilizando nesta ocasião? Porque existem muitas

Não se pode negar a plausibilidade de criação de diversas espécies de mensagem, no entanto, em defesa de nossa proposta se ressalta que as cinco categorias conseguem, em princípio, abarcar o universo de mensagens que circulam comumente nos meios de comunicação social. Além disso, não podemos perder de vista que uma de nossas principais preocupação é delinear diretrizes objetivas para a atividade regulatória, o que passa pela sua delimitação a um patamar mínimo. Portanto, é fundamental que haja um leque pequeno e bem identificado de categorias de mensagens com seus respectivos requisitos bem definidos para tornar a regulação mais restrita e objetiva. Isso não retira a possibilidade de, no futuro, surgir novo tipo de mensagem que requeira tratamento diferenciado, exigindo-se uma revisão dessa classificação.

3.3.1 Notícia

3.3.1.1 Conceito

Há uma linha que separa claramente as mensagens simples entre si: se o sentido do enunciado denota fatos ou fenômenos que ocorrem ou existem no meio ambiente, externo ao ser humano, então estamos diante de notícias; do contrário, estamos no campo das ideias quando são produzidas pela nossa mente, fruto da nossa imensa capacidade de abstração.[198] Essa diferenciação encontra abrigo na teoria popperiana dos três mundos, sendo que os fatos noticiosos habitam o universo dos objetos físicos ou de estados materiais; já o pensamento humano, o universo da consciência e dos estados mentais. Seus correspondentes na doutrina habermasiana são, respectivamente, os mundos objetivos e subjetivos.[199]

---

funções ou maneiras pelas quais usamos a linguagem, e isso faz uma grande diferença para o nosso ato em algum sentido – sentido (B)[1] – de que forma e em que sentido a estávamos 'usando' nesta ocasião. É muito diferente se estamos aconselhando, ou apenas sugerindo, ou realmente ordenando, ou se estamos prometendo em sentido estrito ou apenas anunciando uma intenção vaga etc." (Austin, 1982, p. 143).

198 Guanter *et al.*, 1994, v. II.

199 Karl Popper que afirmava poder "distinguir três mundos ou universos seguintes: primeiro, o mundo de objetos físicos ou de estados materiais; segundo, o mundo de estados de consciência ou estados mentais, ou talvez de disposições comportamentais para agir; e terceiro, o mundo de conteúdo objetivos de pensamento, especialmente o mundo científico e poéticos e de obras de arte" (Popper, 1975, p. 108). Por sua vez, Habermas se apoiou no ensinamento de Popper para desenvolver parte de sua teoria, tendo concebido que "oradores e ouvintes gerenciam um sistema de mundos co-originários" (Habermas, 1998, v. I, p. 122, tradução nossa).

Essa dicotomia culminou com a clássica divisão da liberdade de expressão em sentido amplo em liberdade de expressão em sentido estrito – faculdade de transmitir e receber ideias – e liberdade da informação – faculdade de difundir e receber notícias.[200] Assim, há claramente dois universos bem delineados em que as mensagens fáticas e ideológicas vão buscar seus referentes.[201]

A notícia se dá quando a mensagem está orientada para a descrição de um referente no mundo objetivo, possuindo, assim, uma função cognitiva de representação do mundo. Por se reportar à realidade, a mensagem tem uma estrutura bem particular, predominando a "terceira" pessoa por se referir a algo ou alguém distinto do emissor.[202] Além disso, dentro da visão austiniana, a linguagem é eminentemente constatativa, dada sua natureza preponderante de ato locucionário – em contraposição à linguagem realizativa dos atos performativos ilocucionários ou perlocucionários.[203]

---

200 A Constituição espanhola de 1978 reconheceu essa divisão ao prever a liberdade de expressão e de informação, respectivamente, nas alíneas a) e d) do art. 20.1. Por sua vez, o Tribunal Constitucional da Espanha deixou claro em seu fundamento 11 da STC nº 103/1983 que: "A Seção d) do n.º 1º do art. 20 da Constituição estabelece o direito de 'comunicar-se livremente ou receber informações verdadeiras por qualquer meio de divulgação', estabelecendo uma espécie de direito fundamental distinto daquele que consiste em expressar e difundir pensamentos, ideias e opiniões, em prol do interesse coletivo no conhecimento de fatos que possam ter significado público e que sejam necessários para que a participação dos cidadãos na vida coletiva seja real. É, como o art. 20 diz, de um duplo direito que consiste em comunicar informações e recebê-las gratuitamente na medida em que as informações sejam verdadeiras. O objeto desse direito é, portanto, o conjunto de fatos que podem ser considerados noticiáveis ou noticiáveis nos termos acima indicados e ficam sujeitos em primeiro lugar a comunidade e cada um dos seus membros, cujo interesse é o suporte final desse direito, do que o profissional de jornalismo também é sujeito, órgão ou instrumento, pois se preocupa com a busca da informação e sua posterior transmissão" (España, 1983, p. 15-20).

201 J. M. López, citado por Polo Sabau (2002, p. 16, tradução nossa), informa: "Para a generalidade da doutrina, a liberdade de pensamento é a origem da liberdade de expressão; Não é possível expressar nada se previamente não houver pensamento para expressar. Por sua vez, a liberdade de expressão dará origem posteriormente à liberdade de informação. Portanto, a expressão e a informação nada mais são do que a forma de manifestação externa da liberdade de pensamento."

202 "O modelo tradicional da linguagem, tal como o elucidou Bühler particularmente, confinava-se a essas três funções – emotiva, conativa e referencial – e aos três ápices desse modelo – a primeira pessoa, o remetente; a segunda pessoa, o destinatário; e a "terceira pessoa" propriamente dita, alguém ou algo de que se fala" (Jakobson, 2008, p. 124-125).

203 "Distinguimos assim o ato locucionário (e dentro dele os atos fonéticos, "fáticos" e "réticos") que tem significado; o ato ilocucionário, que tem certa força ao dizer algo; e o ato perlocucionário, que consiste em alcançar determinados efeitos pelo (fato de) dizer algo (...).

Quando, no início, contrastamos a expressão performativa e a expressão constatativa, dissemos que: 1) o performativo deveria consistir em fazer algo, em vez de apenas dizer

Em suma, entende-se por notícia a difusão de um fato real e o seu contexto.[204] É a realidade percebida e posta em forma de mensagem pelo comunicador. Sua finalidade básica é manter as pessoas informadas sobre os fatos que ocorrem cotidianamente em nível local ou mundial, bem como, sobre pessoas e coisas que existem no universo. A informação sobre um ataque terrorista é uma notícia, da mesma forma que a descrição das pirâmides do Egito com suas particularidades.

3.3.1.2 Requisitos de qualidade

Podemos citar dois requisitos básicos sem os quais a notícia não atinge a qualidade necessária para ser consumida na esfera pública: veracidade e objetividade.

3.3.1.2.1 Veracidade

Por ser um acontecimento exterior ao homem, é possível que o fato e seu contexto sejam observados por diversas pessoas, permitindo-se, ao final, que estes possam contrastá-los com a mensagem noticiosa divulgada para se chegar à veracidade da notícia.[205] É o elemento constitutivo[206] mais característicos da notícia e resulta configurada quando há a perfeita adequação entre o "difundido" e efetivamente "decorrido",[207] isto é, entre o sentido e sua referência, respectivamente. Essa proposição, aparentemente simplória, esconde questões mais complexas e profundas que foram levantadas no "embate" entre a filosofia da consciência e a da linguagem.[208]

---

algo; e 2) o performativo tem sorte ou azar, em oposição ao verdadeiro ou falso" (Austin, 1982, p. 166; 179, tradução nossa).

204 Mallen *et al.*, 1992, p. 117.

205 Segundo Guanter *et al.* (1994, v. II, p. 59), nessa espécie de mensagem, vige a verdade lógica que, como seu elemento essencial, exige uma adequação entre o fato apreendido pelo emissor e o que foi percebido pelo receptor da mensagem.

206 "Numa concepção mais profunda e moderna, a verdade não deve ser considerada como um limite da informação, mas como um dos seus elementos constitutivos" (Williams, 1988).

207 Segundo João Adeodato (1996), há basicamente duas correntes antagônicas sobre a verdade: teorias ontológicas e retóricas. Os antológicos entendem que a verdade é algo externo ao homem que pode ser apreendido, sendo que a linguagem é apenas um meio para expressá-la, nesse sentido, estaremos diante de uma verdade objetiva a que uma investigação competente pode chegar; já os retóricos entendem que a linguagem se legitima por si própria, sendo que toda verdade é subjetiva, fruto de uma realidade artificial criada pelo homem através da linguagem.

208 "O modelo sujeito-objeto da filosofia da consciência é atacado no início deste século em duas frentes: pela filosofia analítica da linguagem e pela teoria psicológica do comportamento.

Em princípio, a validade da proposição acima pressupõe que o conhecimento é gerado a partir de uma relação direta entre sujeito e objeto, que pode ser repassado a outras pessoas de igual forma. No entanto, há tempos se percebeu que entre o objeto e a consciência há um instrumento de intermediação indispensável que é a linguagem. Já acentuamos anteriormente que a linguagem integra o processo de conhecimento na visão vigotskiana, bem como, que a preocupação inicial dos filósofos da linguagem era libertar o pensamento das armadilhas da linguagem.

Recordemos a lição fregeana: para sabermos se o "difundido" corresponde exatamente ao "decorrido" teremos que buscar o valor de verdade da sentença, pois é a busca deste valor que nos faz ir do sentido ao referente.[209] Esse processo passa pela análise das partes da sentença, isto é, verificar que objeto (referente) é denotado pelo nome próprio (sentido), bem como, que conceito (referente) é apresentado pelo predicado (sentido). Se ambos os referentes estão presentes, então está comprovado que a sentença é verdadeira porque está expressando uma única realidade.

Aliada a essa análise isolada da sentença, temos de levar em consideração as ponderações de Searle, no sentido de que, dentro de um processo comunicativo, cada participante deve fazer referências completas consumadas, isto é, que o sentido das sentenças, ao mesmo tempo, refira-se a um único fato (axioma da existência) e que permita aos destinatários identificá-lo com clareza (axioma da identificação).[210]

Ambas renunciam ao acesso direto aos fenômenos da consciência e substituem o conhecimento intuitivo, a reflexão ou a introspecção, por procedimentos que não apelam à intuição. Propõem análises que partem de expressões linguísticas ou comportamentos observáveis e que estão abertas à verificação intersubjetiva. A análise da linguagem adota procedimentos usuais em lógica e linguística de reconstrução racional da capacidade dos sujeitos de fazer uso de determinadas regras" (Habermas, 1992, v. II, p. 9, tradução nossa).

209 "O fato de que nos preocupamos com a referência de uma parte da sentença indica que admitimos e exigimos uma referência para a própria sentença. O pensamento perde valor para nós tão logo reconhecemos que a referência de uma de suas partes está faltando. Estamos assim justificados por não ficarmos satisfeitos apenas com o sentido de uma sentença, sendo assim levados a perguntar também por sua referência (...). É, pois, a busca da verdade, onde quer que seja, o que nos dirige do sentido para a referência" (Frege, 2009, p. 138).

210 Segundo Searle (1994, p. 89, tradução nossa), uma referência completa consumada "é aquela em que, de forma inequívoca, um objeto é identificado para o ouvinte, ou seja, quando a identificação é comunicada ao ouvinte (...). As condições necessárias para que o falante realize uma referência completamente consumada são: 1. deve haver um e apenas um objeto ao qual o enunciado da expressão pelo falante se aplica (uma reformulação do axioma da existência); 2. o ouvinte deve receber meios suficientes para identificar o objeto a partir do enunciado da expressão (uma reformulação do axioma da identificação)".

Assim, pode-se deduzir que, num processo de ação comunicativa, os participantes tendem a chegar a uma mensagem veraz justamente porque, da discussão implementada, surgirá provavelmente uma melhor correspondência entre o sentido da sentença (o difundido) e o fato efetivamente ocorrido (o referencial).

Dito isso, devemos considerar ainda que a difusão da notícia tem a particular característica de possuir basicamente dois momentos bem destacados: 1) a apreensão do fato (aqui incluído o ato de investigação e seleção), em que os dados sensoriais são convertidos em conhecimento individual através da linguagem, e 2) a difusão da mensagem, em que novamente há um processo de conversão do pensamento em linguagem para fins de expressão, colocando-se à disposição dos demais o conhecimento do fato sucedido. Dentro desse processo, existe uma necessária intermediação subjetiva que frequentemente leva a descrições diferentes sobre um mesmo fato dependendo do observador. Efetivamente, as pessoas percebem de modos diversos, pois seus sentidos lhes fornecem percepções distintas e o processo de conversão destas em linguagem e do respectivo pensamento em expressão também não são coincidentes.

Sintetizando, os indivíduos percebem, conhecem e se expressam de formas díspares, o que nos leva a concluir que a verdade obtida nunca será absoluta – a exata revelação do ocorrido, pois sempre restará um toque de subjetividade do intermediador na construção do sentido da sentença. No entanto, essa constatação não deve servir como desestímulo à busca da veracidade, como se estivéssemos perseguindo o impossível, muito pelo contrário, é um estímulo para nos esforçarmos mais e mais, na eterna luta para nos livrarmos das trapaças da linguagem.

Apesar desse toque de subjetividade, a notícia é a espécie de mensagem mais propensa à busca da verdade, justamente por ser o fato um acontecimento externo ao homem, o que capacita melhor todos os observadores a participar do debate sobre a aferição do ocorrido, consideradas as lições de Frege e Searle antes ressaltadas. Todas as demais mensagens, conforme se verá a seguir, têm cunho subjetivo muito maior que as afasta desse requisito de qualidade buscado com maior força nas notícias. Jürgen Habermas nos ensina que a relativização da verdade, ante a subjetividade e intersubjetividade do homem, não tem o condão de ignorar os acontecimentos que lhes são externos e, portanto, perceptíveis de modo similar pelas pessoas, independentemente de suas interferências pessoais.[211]

É no bojo da "comunidade de fundamentos" kantiana que repousa a veracidade dos fatos,[212] como resultado da concordância do juízo formulado sobre o objeto através da livre competição no âmbito do mercado de ideias pensado por Mill. A seu turno, Habermas nos ensina que, num processo de comunicação voltada ao entendimento, a pretensão de validade referente ao mundo objetivo é o enunciado verdadeiro, que consiste em "pressuposições de existência ajustadas à realidade"[213] em que o ouvinte pode assumir ou compartilhar um saber do falante.

Nessa perspectiva, a veracidade da notícia é encontrada quando o sentido das sentenças expressadas por aqueles que observaram os fatos consegue denotar o mesmo objeto, isto é, quando eles conseguem comunicar o mesmo valor semântico (sentido + referência). É claro que se colhermos a descrição desses observadores de forma separada, veremos que os respectivos conteúdos (sentido e referência) podem ser díspares sobre vários aspectos secundários do fato principal decorrido.[214] Contudo, se os fatos forem "reconstruídos" no bojo de uma comunicação dialógica, em que as deficiências de apreensão de cada um e os ruídos de comunicação sejam mitigados pelas percepções divergentes

---

[211] "(...) não temos nenhum acesso imediato a uma realidade não interpretada ou 'crua' (...) Por um lado, o viés pragmático não nos permite duvidar da existência de um mundo percebido independentemente de nossas descrições e visto como o mesmo para todos nós (...) Não há necessidade nem possibilidade de 'limpar' o conhecimento humano dos elementos subjetivos e das mediações intersubjetivas, ou seja, dos interesses práticos e dos matizes da linguagem. Isso não deve conduzir à negação da verdade e da objetividade" (Habermas, 2004a, p. 55; 57).

[212] Kant (1997, p. 463, tradução nossa), ao esclarecer a distinção entre persuasão e convicção, nos ensina: "Mas a verdade repousa na concordância com o objeto e, consequentemente, os juízos formulados por qualquer entendimento e relativos a esse objeto devem coincidir (*consentientia uni tertio, consentiunt inter se*). O critério para saber se o que é verdadeiro é convicção ou mera persuasão é, portanto, externo, e consiste na possibilidade de comunicá-lo e verificar a sua validade para toda a razão humana. Nesse último caso, parece pelo menos que a causa do acordo de todos os juízos residirá, apesar da diversidade dos sujeitos entre si, na comunidade de fundamentos, isto é, no objeto; quando todos concordam com ele, a veracidade do julgamento é demonstrada."

[213] "O fazer um enunciado verdadeiro (ou uma pressuposição de existência ajustada à realidade) para que o olho pudesse assumir e compartilhar o conhecimento do dia (...)" (Habermas, 1998, v. I, p. 393-394).

[214] "Deve-se nesses casos ficar atento para os pensamentos secundários (*Nebengedanken*) não explicitamente expressos associados ao pensamento principal, e que não devem ser levados em conta ao se determinar o sentido da sentença total, e assim não cabe se preocupar com seu valor de verdade" (Frege, 2009, p. 152).

e complementares dos outros, certamente o resultado será a identificação intersubjetiva de um objeto principal mais próximo à realidade contemplada, ou seja, haverá a sua descrição de modo mais fidedigno, confiável e, portanto, veraz.[215]

Nesse sentido, é mais adequado denominar veracidade, e não verdade, o requisito de qualidade da notícia, pois enquanto a última é uma meta, ponto de chegada, aquela é uma norma de conduta direcionada para atingi-la. Veracidade nos remete à noção de que a verdade, embora de difícil alcance, deve ser perseguida pelo comunicador que, ciente da subjetivação criada por sua própria intermediação no processo de comunicação, prima por se esforçar ao máximo para que o sentido e referência da mensagem se ajuste o quanto possível ao fato decorrido.

O Tribunal Constitucional espanhol, ao interpretar o artigo 20, 1, "d", da Constituição de Espanha – que usa a expressão "informação veraz", e não "informação verdadeira" –elucida a questão, afirmando que a Carta Constitucional exige a veracidade, e não a verdade, a qual consiste no especial dever de diligência do emissor que deve fazer as averiguações adequadas dentro do que lhe pode ser exigível observadas as circunstâncias que se apresentam.[216] Não se pode exigir do jornalista uma investigação rigorosa e demorada como se fosse um órgão policial, dada a rapidez das informações que afloram na esfera pública. Porém,

---

[215] Vera Lopes (1997, p. 207-211), colacionando o entendimento de diversos doutrinadores, adere a tais posicionamentos no sentido de afirmar que a verdade absoluta é algo que não pode ser alcançado devido à grande carga de subjetividade humana do emissor e do receptor da mensagem, acabando por concluir que a diversidade das fontes de comunicação é forma mais eficaz para expurgar as notícias viciadas.

[216] "5. Para terminar com a exposição de critérios jurisprudenciais aplicáveis ao caso, convém destacar um deles, ao qual já se fez referência, e que agora é de especial interesse: o relativo à veracidade da informação como requisito para sua proteção constitucional. O art. 20.1 d) da C.E. reconhece e protege o direito de comunicar livremente informação veraz. A precisão do que deve ser entendido por veracidade assume, portanto, notável importância para determinar se a conduta do informante corresponde ao exercício de um direito constitucional, ou se está fora dele, e, pelo contrário, dentro do âmbito de condutas tipificadas pelas normas penais. E, a este respeito, este Tribunal tem precisado - seguindo a doutrina de órgãos jurisdicionais de outros países - que isso não significa que a informação errônea ou não comprovada fique totalmente desprotegida. O que o requisito constitucional de veracidade supõe é que o informante tem - se quiser se situar sob a proteção do art. 20.1 d) - um dever especial de verificar a veracidade dos fatos que expõe, mediante as averiguações oportunas, e empregando a diligência exigível a um profissional. Pode ser que, apesar disso, a informação resulte errônea, o que obviamente não pode ser totalmente excluído. Mas, como assinalou a Sentença 6/1988, de 21 de janeiro, 'as afirmações errôneas são inevitáveis em um debate livre, de tal forma que se fosse imposta 'a verdade' como condição para o reconhecimento do direito, a única garantia da segurança jurídica seria o silêncio' (fundamento jurídico 5º)" (España, 1990).

também não se espera dele a divulgação de qualquer fato sem a mínima apuração, hoje facilitada pelo grande acesso à informação que temos na atual sociedade de informação.

Com o acesso a grandes bancos de dados e a ferramentas como IA, espera-se que o emissor da mensagem faça verificações rápidas, mas eficazes, da veracidade do conteúdo. É certo que o repórter tem pressa em difundir os fatos, porém seu dever de ofício implica que as informações sejam checadas e, sempre que possível, que os envolvidos sejam ouvidos, que haja cruzamento de dados disponíveis e diligências para obter mais informações, tudo para que tenha um leque de conhecimento maior e possa relatar o fato e seu contexto de forma verídica. A regra é que, sem a demonstração de má-fé ou negligência grosseira por parte do emitente, não se pode responsabilizá-lo pelos danos resultantes da publicação.

Esse especial dever de diligência também pode ser percebido na decisão da Suprema Corte norte-americana no caso New York Times *v.* Sullivan que estabeleceu a doutrina da real malícia no intuito de preservar um debate nacional amplo, aberto e desinibido.

A Lei de Televisão portuguesa expressamente impõe como um dos requisitos da notícia o rigor informativo.[217] A Entidade Reguladora para a Comunicação Social (ERC), por sua vez, desenvolve esse conceito, concebendo-o como princípio que direciona a atividade jornalística para produzir uma comunicação pública "de conteúdo ajustado à realidade ou de reduzido grau de indeterminação: quanto mais rigorosa mais confiável será".[218] Resta claro que o rigor informativo é, em sua essência, o requisito de veracidade da mensagem fática que estamos delimitando neste tópico, sendo que quanto maiores forem os ruídos de comunicação, menor será sua qualidade e confiabilidade.

A informação deve ser, portanto, rigorosamente aferida, observado o contexto existente, para que a mensagem seja veraz, não se coadunando com o especial dever de diligência a falta de oitiva dos envolvidos.[219]

---

217 Ver os art. 9º, 1, c); art. 34, 2, c); art. 50, 2 e art. 51, 2, c) da Lei nº 27/2007 (Portugal, 2007).

218 Ver Fundamento nº 20 da Deliberação ERC/2019/198 (CONTJOR-TV) (ERC, 2016).

219 A ERC acolheu a participação contra a CMTV a propósito da exibição, no dia 15 de março, por falta de rigor informativo "falhando ao não confirmar a informação de que dispunha aquando do tratamento noticioso do caso como "Alerta CM" (Disponível em: https://x.gd/71Piy. Acesso em: 15 jan. 2024).

O Código de Radiodifusão inglês prevê dois requisitos para notícias: a precisão (ou rigor) e a imparcialidade. Acrescenta o adjetivo "adequado" a esses elementos, o que podemos entender por "rigor adequado" (*due accuracy*) e "imparcialidade adequada" (*due impartiality*).[220] A "precisão" corresponde à veracidade, sendo que a adequação diz respeito à necessidade de observar o contexto envolvido no caso concreto para determinar se a precisão foi a devida.

Em suma, a veracidade consiste no especial dever de diligência por parte do emissor da notícia que empreende todos os esforços possíveis, dentro do contexto que se apresenta, para expressar um conteúdo ajustado ao fato decorrido.

3.3.1.2.2 Objetividade

A objetividade é o segundo elemento característico da notícia e pode ser vista sob dois prismas: necessidade de descrição dos fatos livre de impressões pessoais do emissor e relato direto dos fatos.

O primeiro aspecto decorre de sua própria natureza de mensagem fática, isto é, aquela que procura relatar um fato externo ao mundo subjetivo do emissor. Por ser um relato da realidade percebida, o emissor deve descrevê-la de forma objetiva, sem acrescentar expressões de cunho subjetivo. É um retrato do real daquilo que ocorreu e nada mais. Nesse sentido, a linguagem deve primar por substantivos e verbos em tempos simples e na voz ativa, limitando-se ao uso dos adjetivos estritamente necessários para descrever os fatos.[221] É o esforço incessante de interferir o menos possível nos aspectos objetivos do fenômeno decorrido.

O uso de adjetivações excessivas encaminha a mensagem a aspectos subjetivos, que é diametralmente oposto à objetividade exigida pela notícia. Reitera-se, o fato precisa ser revelado tal qual se apresenta, sem recheá-lo de circunstâncias alheias e apreciações pessoais expressas ou subliminares. Transmitir a realidade "nua e crua" é o fim a ser perseguido pelos noticiantes.

É importante pontuar que não é proibido acrescentarem-se percepções pessoais sobre a realidade percebida, no entanto, nesse caso vige o princípio da identificação que obriga o emissor a distinguir de modo bem perceptível exatamente o que é fato e o que é sua ideia, ou sua opinião.

---

220 OFCOM, 2020.

221 Ver o artigo sobre redigir uma notícia de Lúcia Vaz Pedro (2015).

O segundo aspecto se relaciona com a vertiginosa quantidade de informações produzidas a todo momento em nossa sociedade atual. É através da informação sobre os acontecimentos que ocorrem em nível local e global, que cotidianamente buscamos conhecer o mundo que nos cerca. No cenário inflacionado de mensagens que a sociedade da informação atualmente nos proporciona, não é incomum que muitas pessoas sejam meros leitores de "títulos" na grande parte de seu tempo. Observamos o título, e por vezes até o subtítulo, e daí concluímos que já "conhecemos" os fatos ou vemos que não nos interessam, o que nos leva a passar para outro título. Aquele leitor de jornal impresso que passava lentamente as folhas, uma a uma, lendo atentamente cada palavra, evidentemente não é mais o perfil da maioria das pessoas na atual sociedade em que vivemos.

Há muito tempo no jornalismo a elaboração da notícia segue a clássica técnica, quase dogmática, da pirâmide invertida que consiste basicamente na apresentação concisa dos fatos em ordem decrescente de importância.[222] O método surgiu com a nítida finalidade de apreender prontamente a atenção do usuário a fim de que ele seja estimulado a consumir a notícia, bastando, para isso, que entre em contato com o "lide" da notícia – parte inicial da mensagem que apresenta de modo resumido o fato ou seu ponto essencial.[223] Tudo indica que essa técnica ainda será utilizada por muito tempo, tendo em vista a avalanche de notícias que nos "abordam" a cada segundo.

Com essa pressa toda, a notícia deve ser objetiva no sentido de ser direta, sem rodeios, concisa, procurando relatar os pontos fundamentais dos fatos sem desnaturá-los. Efetivamente, quanto mais concisão houver, menor o risco de ela se desfigurar a ponto de ter sua inteligibilidade e principalmente sua veracidade afetadas, tornando o conteúdo transmitido diverso da realidade observada.

Nesse sentido, vê-se que a objetividade não pode deixar de fora os aspectos mais relevantes da realidade transmitida. A integralidade da notícia deve ser suficiente para que o usuário conheça o fato em sua

---

[222] "Trata-se do relato objetivo de acontecimentos, que obedece na redação à forma da pirâmide invertida. Como na notícia, os fatos são narrados em sucessão, por ordem de importância" (Sodré; Ferrari, 1986, p. 45).

[223] "A técnica da pirâmide invertida consiste em dispor as informações de um texto jornalístico por ordem decrescente de importância. O redator inicia o parágrafo de abertura contendo um resumo da história, uma conclusão ou os fatos principais (o lide, que no texto informativo (...))" (Pinho, 2003, p. 207).

completude.[224] Essa é um pressuposto da objetividade, pois ser objetivo é conseguir comunicar um fato de forma concisa e completa, viabilizando ao receptor o entendimento rápido do desenho geral da realidade, sua estrutura e pontos fundamentais.[225] Assim, o usuário consegue perceber o fato, não com toda a riqueza de seus detalhes, mas com base em seus traços principais, seus pontos nucleares.[226]

Portanto, falta qualidade à notícia não só quando ela é inverídica, mas também quando não é objetiva seja pela mescla com mensagens ideológicas ou por pura falta de suficiência.

3.3.2 Ideia

3.3.2.1 Conceito e delimitação

Além dos fatos que ocorrem no exterior, o homem possui um mundo dentro de si. A capacidade de pensar o leva a criar uma infinidade de abstrações sobre o que já existe e até mesmo sobre o inexistente. Segundo o dicionário, a ideia é sinônimo de pensamento,[227] que é o produto de nossa reflexão, imaginação, cogitação, meditação etc., ou seja, a ideia é o resultado da própria atividade cerebral do homem de meditar sobre alguém ou algo, concreto ou abstrato, existentes ou não. Portanto, liberdade de pensamento é a faculdade de ter ideais, de meditar, de raciocinar, de imaginar, sem ser incomodado, controlado ou manipulado por ninguém.

É evidente o caráter subjetivo desse tipo de mensagem. José Maria Guanter[228] afirma que "a ideia é o resultado da abstração da realidade ou de sucessivas abstrações que ascendem a níveis de generalidade

---

[224] Paulo Luiz Lôbo (2001, p. 69), discorrendo sobre o dever de informar, afirma que a suficiência "relaciona-se com a completude e integralidade da informação".

[225] José Guanter *et al.* (1994, v. II, p. 62, tradução nossa), referindo-se à delimitação da verdade informativa ("El acotamiento de la verdad informativa"), também perceberam que, "à incapacidade do homem de conhecer toda a verdade das coisas, que naturalmente afeta também o informante, há que acrescentar a rapidez com que a realidade deve tornar-se notícia, sem prejuízo do seu constituinte essencial (...). Isso significa que o informante não pode comunicar todos os conhecimentos conhecidos, nem todas as realidades que ele conheceu".

[226] Jean Rivero (citado por Lopes, 1997, p. 188) afirma que "o conteúdo do direito à informação nesse campo significa permitir a cada um receber uma informação suficientemente ampla sobre os fatos e sobre as correntes de pensamento".

[227] Ideia, [2024].

[228] Guanter *et al.*, 1994, v. II, p. 71, tradução nossa.

cada vez maior", enquanto João Adeodato a denomina como "ações e reações cerebrais que sentimos".[229]

De fato, o homem percebe através de seus sentidos o mundo exterior para meditar sobre ele, assim como, volta-se para dentro de si mesmo para continuar abstraindo da sua própria imaginação. A capacidade de raciocínio e criação é algo inesgotável, o que nos leva a perceber que a expressão mundo interior é bastante adequada para dar o significado de grandeza desse complexo conjunto de infindáveis pensamentos.

Importa acentuar aqui que é a liberdade de pensamento e a de expressão que vão reger essa espécie de mensagem. Em princípio, o homem é livre para ter a ideia que quiser, podendo expressá-la quando e como quiser, sem que possa sofrer qualquer coação ou pressão de quem quer que seja.

Essa espécie de mensagem, por ser a expressão da atividade mental humana, é a que está mais fortemente impregnada de subjetividade. Utiliza-se da função expressiva ou emocional com predominância do uso da linguagem na primeira pessoa.

O homem ao pensar não está obrigado a comprovar a veracidade e objetividade de sua ideia tampouco de esclarecer que critérios utilizou para chegar a ela. Sua finalidade básica é justamente transmitir nossas convicções que não estão sujeitas à comprovação, podendo apenas ser aceitas ou rejeitadas, total ou parcialmente pelos destinatários.

Uma ideia, em determinada época e lugar, pode afigurar-se absurda, estranha, inútil, tresloucada, no entanto, com o decorrer do tempo ela pode transformar-se em um pensamento brilhante, necessário, seguida por muitos etc. Aliás, é justamente a dialética de pensamentos que faz a sociedade evoluir, quebrar velhos paradigmas para se modernizar e evoluir.

3.3.2.2 Requisitos de qualidade

Dado o alto grau de subjetividade da ideia e plena vigência das liberdades de pensamento e de sua manifestação, poucos são os requisitos que se podem elencar para identificação de uma mensagem ideológica de qualidade: o bem e a sinceridade.

---

229 Adeodato, 1996.

3.2.2.2.1 O bem

Há pouca ou nenhuma discordância quanto à capacidade de um homem influenciar os demais. Uns mais, outros menos, fato é que a comunicação do pensamento humano acaba interferindo no pensamento e comportamento dos outros das mais variadas formas que se pode imaginar. Enquanto a notícia informa, a ideia potencialmente "transforma" as mentes dos destinatários.

A livre expressão do pensamento através dos meios de comunicação social, especialmente após o advento da internet, elevou sobremodo a capacidade de influenciar pessoas ao redor do mundo. Influenciar é permitido, e atualmente em nosso "livre mercado de influências", uma despretensiosa ideia lançada pode arrastar multidões.

Pela grande influência das ideias no comportamento das pessoas e dos grupos sociais, vê-se que a mensagem ideológica de qualidade é aquela em que há a comunicação de um pensamento com a finalidade de causar benefícios individuais ou coletivos aos destinatários. Nesse sentido, não se vislumbra qualidade na ideia que tenha efetivo potencial para a causar um mal individual ou social.[230] Apesar de estarmos diante de uma espécie de mensagem que comporta a ampla aplicação da liberdade de pensar e de expressar, é forçoso concluir que não se pode aceitar a circulação de pensamentos na esfera pública que venham a estimular a prática de atos que atentem contra a dignidade humana, não se podendo esquecer que esta é o limite do exercício de toda e qualquer liberdade, inclusive a de expressão.

Até mesmo o utilitarismo pregado por Stuart Mill não chegou ao ponto de permitir o estímulo a comportamentos danosos.[231] Também é difícil conceber que um imperativo categórico kantiano nos leve a

---

[230] Novamente nos socorremos da lição de José Maria Guanter *et al.* (1994, v. II, p. 73-74, tradução nossa), segundo os quais "o que todas as coisas têm em comum, a partir das quais a abstração se verifica, é sua razão de bem. No último grau de generalização, chegamos a uma ideia cada vez mais absoluta; ou seja, o bem. O bem, um dos aspectos da verdade, é o constituinte essencial da ideia e, portanto, da comunicação do mundo interior (...). O emissor responde, consequentemente, quando comunica o mal por ignorância vencível ou por malícia. E a responsabilidade é máxima quando comunica o mal com aparência de bem".

[231] "Atos danosos para outros requerem um tratamento inteiramente diferente. Abusar dos seus direitos; infligir-lhes qualquer dano ou perda não justificados pelos seus próprios direitos; agir com falsidade ou má-fé ao lidar com eles; aproveitar-se de modo mesquinho ou injusto de vantagens em relação a eles; e até abster-se egoisticamente de os defender contra danos – estes são objetos adequados de reprovação moral e, em casos graves, de retribuição e castigo" (Stuart Mill, 2011, p. 107).

universalizar condutas potencialmente maléficas, pelo contrário, a aplicação da lei moral no mundo sensível nos conduz ao "sumo bem".[232] Por sua vez, não se pode imaginar uma ação comunicativa que se voltasse ao consenso para fazer o mal, sem que importasse na ausência da correção por desobediência ao compromisso moral com a solidariedade e o bem comum. Enfim, sob qualquer perspectiva, é insustentável admitir que o homem possui um direito irrestrito de expressão que lhe faculte a transmitir ideais, especialmente através dos MCM, que potencialmente podem levar as pessoas e a própria sociedade a se autodestruir.

Tem a ver com a ética e com os valores que dada sociedade acolhe como fundamentos de sua constituição. Haveria abuso de direito quando alguém, usando da sua liberdade de pensar, visasse a fins outros que não o bem da coletividade e das pessoas em geral.

É com base nesse pressuposto que compreendemos como o rechaço à circulação de mensagens de ódio encontrou abrigo na legislação internacional e nacional. Isso pode ser dimensionado pela simples leitura da Declaração Universal dos Direitos Humanos,[233] que, compromissada fortemente com a fraternidade, do início ao fim, demonstra a preocupação com o bem-estar individual e coletivo assegurados pelo respeito aos direitos fundamentais: logo no seu artigo primeiro, coloca a dignidade como fundamento do direito dos homens, conclamando todos a agirem "uns para com os outros em espírito de fraternidade"; nos dois últimos artigos, enfatiza que o indivíduo "tem deveres para com a comunidade (artigo 29.1); que as limitações do exercício dos direitos fundamentais só são admissíveis para "satisfazer as justas exigências da moral, da ordem pública e do bem-estar numa sociedade democrática" (artigo 29.2); e, finalmente, que não se pode extrair qualquer exegese da declaração que permita a prática de "algum ato destinado a destruir os direitos e liberdades" nela declarados (artigo 30). Portanto, não se pode interpretar a liberdade de expressão em sentido amplo, prevista no artigo 19, como direito a propagar ideias nocivas que venham a afetar o exercício dos direitos fundamentais de qualquer pessoa.

Em atenção ao princípio da necessidade, cabe enfatizar que não se trata de qualquer dano abstrato que a mensagem em si possa conter,

[232] "(...) a lei moral nos transporta idealmente a uma natureza na qual a razão pura, se fosse acompanhada do poder físico correlato, produziria o sumo bem, determinando a nossa vontade em conferir ao mundo sensível uma forma como que de um todo de seres racionais" (Kant, 2003, p. 91, tradução nossa).

[233] UN, [2024].

e sim de um dano concreto, iminente e grave, mensurável de acordo com o contexto presente. É plenamente aplicável a esse tema o pensamento do juiz Oliver Homes, exposto no início do século passado, segundo o qual só pode haver restrição à mensagem caso se comprove claramente o dano iminente.[234]

3.3.2.2.2 A sinceridade

A capacidade de modificar pensamentos e ações de nossos semelhantes, em nível global, carrega consigo um dever inafastável de sermos honestos com as ideias que difundimos no mercado da comunicação. A sinceridade é um requisito essencial da mensagem ideológica,[235] que consiste no ajuste entre o que o emissor pensa e o que ele torna público. Devemos ser leais às nossas convicções ao expressá-las para o público, isto é, devemos acreditar no que pregamos perante a sociedade.

Não se pode esquecer que mensagens ideológicas se movem no mundo do estado da consciência popperiano que, segundo Habermas, tem como pretensão de validade a veracidade – que corresponde ao que denominamos por sinceridade –, de modo que não se coaduna com a transmissão enganosa sobre seus próprios pensamentos e convicções.[236]

---

[234] "Em casos históricos no início do século, Holmes e Brandeis escreveram opiniões divergentes extraordinárias, rejeitando a visão convencional de que o governo poderia proibir o discurso político apenas porque o discurso era perigoso. Nos casos principais, Holmes e Brandeis argumentaram que o governo não poderia punir constitucionalmente os escritos dissidentes de pessoas que protestavam contra os esforços de guerra ou proclamavam a sua fidelidade a causas radicais, incluindo o socialismo. Grande parte da proteção atual do discurso decorre da análise dessas opiniões. O teste altamente protetor de 'perigo claro e presente'" (Sunstein, 1993, p. 23, tradução nossa).
Voto dissidente do juiz Holmes em Abrams *et al. v.* United States: "Os Estados Unidos, constitucionalmente, podem punir discursos que produzam ou sejam destinados a produzir um perigo claro e iminente de que trarão imediatamente certos males substanciais que os Estados Unidos, constitucionalmente, podem buscar prevenir (...). É apenas o perigo presente de mal imediato ou uma intenção de provocá-lo que justifica o Congresso em estabelecer um limite para a expressão de opinião quando os direitos privados não estão em questão. Certamente o Congresso não pode proibir todos os esforços para mudar a opinião do país" (US, 1919, tradução nossa).

[235] Esse requisito não passou desapercebido por Austin, que classificou os atos "insinceros" como infortúnios que não causam nulidade, mas que não são lamentáveis. Afirmou o referido professor que: "As circunstâncias aqui estão em ordem e o ato foi praticado, ou seja, não é nulo, mas mesmo assim é insincero; sentindo o que senti, não precisei dar os parabéns ao meu interlocutor nem apresentar as minhas condolências" (Austin, 1982, p. 82, tradução nossa).

[236] "Também classificamos como racional, até com certa ênfase, o comportamento de uma pessoa que está disposta e é capaz de se libertar de suas ilusões, ilusões que não repousam tanto em um erro (sobre fatos) como em uma autoilusão (sobre suas próprias experiências). Isso diz respeito à manifestação dos próprios desejos e inclinações, dos próprios sentimentos e

A partir do momento em que uma pessoa ou grupo de pessoas resolve comunicar suas ideias no mercado de ideias, com potencial abrangência mundial, deve ter ciência de que elas poderão influenciar outras pessoas e de que, provavelmente, poderão conseguir adeptos que consumirão cotidianamente tudo o que lhes for transmitido.

É próprio do ser humano se identificar inicialmente com as ideias de uma pessoa, passando a lhe creditar confiança cada vez maior até chegar em um momento que aceita seus pensamentos sem qualquer reserva, entronizando em sua vida os conteúdos só porque já conhece a fonte das mensagens. Comunicadores que conseguem ser ouvidos e seguidos por milhares de pessoas são conhecidos atualmente como "influencers", verdadeiros formadores de opinião que conseguem monetizar sua audiência através do mercado publicitário.

Se, antes, com os meios de comunicação tradicionais, os apresentadores eram os grandes influenciadores, atualmente eles competem pelo público com os influenciadores digitais que mantêm seus *blogs*, canais de YouTube etc. O influenciador inspira seu público, fazendo-o ler suas postagens e seguir comportamentos. Redes sociais, como o X, demonstram em número de seguidores quão influente é uma pessoa.

O incrível poder de convencimento obtido através das novas tecnologias da informação imprime compromisso ainda maior com a observância da sinceridade nas mensagens ideológicas. É certo que esse requisito é, muitas vezes, negligenciado em face da dificuldade de comprová-lo, pois o mundo subjetivo é aquele caracterizado pelo acesso privilegiado do próprio emissor.[237] No entanto, percebe-se que em nossa sociedade de informação há maior facilidade para averiguar a sinceridade, ante a grande quantidade de mensagens difundidas pelo influenciador que ficam "guardadas" no mundo virtual, ademais, sua maior exposição pode levar a ser flagrado em situação que demonstre sua desonestidade.

---

estados de espírito, que se apresentam com a pretensão de veracidade. Em muitas situações, um ator pode ter muitas boas razões para ocultar suas experiências dos outros ou para despistá-los sobre suas verdadeiras experiências. Mas então ele não está apresentando nenhuma pretensão de veracidade, mas sim, no máximo, está simulando e agindo, portanto, estrategicamente. As manifestações desse tipo não podem ser julgadas objetivamente por sua falta de veracidade, mas sim devem ser julgadas pelo seu sucesso ou fracasso em alcançar o que pretendem. As manifestações expressivas só podem ser julgadas por sua veracidade, no contexto de uma comunicação voltada para o entendimento" (Habermas, 1998, v. I, p. 41, tradução nossa).

237 "(...) o mundo subjetivo das vivências às quais cada um tem acesso privilegiado" (Habermas, 1992, v. I, p. 63).

Um bom exemplo disso foi o flagra ocasional de uma *youtuber* crudivegana comendo peixe. Ela possuía milhões de seguidores que a acompanhavam por causa de sua dieta alimentar que era constantemente postada pelas redes sociais. Apesar de ter pedido desculpas, justificando sua conduta em face de prescrição médica devido problemas de saúde, o público repudiou fortemente sua conduta, chegando alguns a comentar que o problema principal foi a falta de transparência ao não informar a mudança alimentar. Isso ocasionou uma perda de milhares de seguidores e de patrocinadores, o que demonstra o quão importante é a sinceridade do comunicador.[238]

Portanto, atualmente é possível comparar as ideias publicadas de uma pessoa de modo rápido através de buscas na rede mundial de computadores. Aliás, no âmbito do mercado de ideias, não é incomum opositores de um influenciador confrontá-lo quando encontre uma incoerência que revele falta de sinceridade.

O compromisso das pessoas de serem fiéis àquilo que pregam não os torna eternos escravos de seus pensamentos passados, pois mudar de crença é fato normal no transcurso de nossas vidas, até mesmo em decorrência de nosso amadurecimento pessoal. No entanto, no caso dos influenciadores, mudança de pensamento deve ser imediatamente comunicada aos seus seguidores, acompanhada da devida justificação, tudo em conformidade com o princípio da transparência.

3.3.3 Opinião

3.3.3.1 Conceito

É de fundamental importância delimitar o conceito de opinião para que possamos dar o tratamento destacado que se exige, principalmente para diferençá-la da ideia e da notícia, que são sua origem, sob pena de tornar assistemático e sem utilidade o presente estudo.

De início, deve-se observar a noção dada por Rosa Maria García Sanz, segundo a qual "a opinião, ou julgamento comunicado, surge da avaliação de um fato por uma ideia ou, o que equivale, da subsunção de um fato a uma ideia".[239]

O operador do Direito está familiarizado com a noção de subsunção do fato jurídico à norma. Tal qual na ciência jurídica, a opinião

---

238 A Youtuber [...], 2019.

239 Guanter *et al.*, 1994, v. II, p. 102, tradução nossa.

requer um processo silogístico de dedução, em que o conhecimento dos fatos e da ideia levam a uma conclusão lógica posterior. Há a adequação dos fatos concretos ao conteúdo abstrato das ideias para chegar a um posicionamento a respeito de determinado assunto.

Na prática, estamos diante da dedução efetuada para aplicar a teoria das ideias concebida pela mente humana à realidade fática do mundo exterior. Opinar é, dentro de certo método dedutivo, fazer a devida valoração entre determinado fato e a ideia mais adequada que irá subsidiar a conclusão, o resultado.

3.3.3.2 Requisitos de qualidade

A opinião é uma mensagem composta, pois é resultado da combinação de, no mínimo, duas simples (fatos e ideais) que são seus elementos, suas premissas, aliando-se a um terceiro: o critério. Dos dois primeiros elementos já se retira uma primeira conclusão lógica: que tanto o fato quanto as ideias que compõem a opinião devem conter os requisitos de qualidades antes expostos, justamente por serem pressupostos dela.

Já o critério consiste no método dedutivo utilizado para que se chegue à conclusão. Este é o elemento que melhor caracteriza e distingue a opinião das demais. Rosa Maria Sanz, com razão, afirma que a mensagem opinativa está no meio-termo entre a certeza e a dúvida.[240]

Por certo, a opinião não possui uma possibilidade de aferição tão objetiva quanto os fatos, a que a autora chama de certeza. Também não está no extremo de subjetividade da ideia que nos leva à dúvida (como termo contrário à certeza). Está, pois, no meio do caminho entre uma e outra, primeiro porque é composta por esses dois elementos (certeza – fatos – e dúvida – ideia); segundo porque possui um critério.

A importância do critério se avulta, pois a mensagem deve sempre deixar claro ao usuário qual o método utilizado para que o usuário possa entender como se chegou àquela opinião e até mesmo aceitá-la, ou não, discordando do procedimento efetivado ou do resultado obtido.

A opinião convence muito mais que a ideia, muito por causa do método empregado que, identificado pelo receptor, pode entendê-lo como coerente, admitindo que o resultado tenha um grau de certeza muito maior. Em regra, as mensagens opinativas são emitidas por

---

[240] Guanter *et al.*, 1994, v. II, p. 102.

especialistas ou com o auxílio deles, que detêm conhecimento formal na matéria. São exemplos as mensagens de economistas, cientistas, geólogos etc. que emitem pareceres sobre suas respectivas áreas de conhecimento.

A qualidade da mensagem opinativa é atingida quando respeita os requisitos naturais de seus elementos constituintes, assim como utiliza métodos coerentes com o processo dedutivo empregado e os deixa claro ao usuário para averiguar a justeza do resultado e a confiabilidade da silogística efetuada.

O que efetivamente importa nas opiniões, para fins de aferição da qualidade da mensagem, é observar se o usuário ficou ciente de seus elementos constitutivos, inclusive do critério, para que possa selecioná-las, valorá-las e utilizá-las como bem lhe aprouver. Por fim, reitera-se que se deve conscientizar o usuário sobre a existência de opiniões diferentes que, pela importância reconhecida, venham a se contrapor a opinião difundida.

A notícia, a ideia e a opinião são espécies de mensagens que possuem estrita vinculação no que se refere ao grau de confiabilidade que o consumidor lhes dedica. A notícia, cuja finalidade é a divulgação de um fato verdadeiro, imprime maior confiança ao usuário, enquanto a ideia é justamente seu extremo oposto, não o inspirando a adotá-la como se fosse uma "verdade" a ser seguida. Já a opinião, por possuir um critério, está a meio-termo das duas anteriores, conforme se vê na ilustração a seguir:

Figura 2 - Grau de confiabilidade

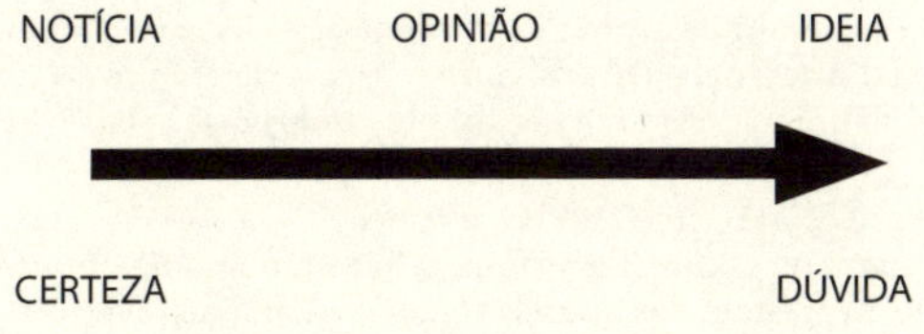

Fonte: Elaboração do autor.

Enfim, a absorção e o uso de cada mensagem são avaliados pelo usuário quando fica ciente de que espécie se trata, em conformidade com o grau crescente de confiabilidade que possui, respectivamente, a ideia, opinião e a notícia.

3.3.4 Propaganda

As propagandas ou publicidades[241] são ideias criativas que visam a estimular o consumo de bens e serviços no mercado, ou seja, é a combinação de ideias a fatos com finalidade comercial.[242] Nesse tipo de mensagem predomina a função conativa ou apelativa orientada ao destinatário através de expressões vocativas e imperativas.[243] Consiste numa atividade que incentiva a compra de produtos e serviços, bem como promove a marca comercial das empresas associadas a eles.[244] Ressalta-se que qualquer promoção de marca de instituição não comercial se enquadra dentro das mensagens ideológicas.

As propagandas sempre tiveram grande atenção dos legisladores e até mesmo em diplomas internacionais[245] se pode observar previsões explícitas que permitem sua regulação para proteger o consumidor. Por ser uma mensagem composta, seus requisitos de qualidade dependem obviamente da satisfação dos requisitos das mensagens simples que a compõe. Sua finalidade de venda ao mercado lhe garante uma mitigação desses requisitos para que possa atrair a atenção do destinatário, sendo típico dessas mensagens o tom engraçado e o exagero. Quanto mais criativo, mais atenção concentrará e maior a possibilidade de estímulo do comércio do produto ou serviço oferecido.

---

241 Para os fins deste trabalho, propaganda e publicidade são tratadas como palavras sinônimas, apesar de termos ciência que os sentidos delas podem ser distintos dependendo do ordenamento jurídico ou campo da ciência em que são estudadas.

242 O artigo 2, "a", da Directiva nº 2006/114/CE do Parlamento Europeu e do Conselho define publicidade como "qualquer forma de comunicação feita no âmbito de uma atividade negocial, comercial, artesanal ou liberal com o objetivo de promover o fornecimento de bens ou de serviços, incluindo bens imóveis, direitos e obrigações (...)" (European Parliament, 2006).

243 "A orientação para o DESTINATÁRIO, a função CONATIVA, encontra sua expressão gramatical mais pura no vocativo e no imperativo, que sintática, morfológica e amiúde até fonologicamente, se afastam das outras categorias nominais e verbais" (Jakobson, 2008, p. 124).

244 O artigo 5º do Código Brasileiro de Autorregulamentação Publicitária (Lei nº 4.680/65) dispõe: "(...) Compreende-se por propaganda qualquer forma remunerada de difusão de ideias, mercadorias ou serviços, por parte de um anunciante identificado" (Brasil, 1965, Cap. I). Ademais, a simples leitura do artigo 36, parágrafo único, c/c artigo 60, *caput* e §1º, todos do CDC (Lei nº 8.078/90) (Brasil, 1990b) deixa claro que propaganda e publicidade podem ser consideradas palavras sinônimas.

245 O artigo 13.5 da Convenção Americana de Direitos Humanos expressamente determina que "A lei deve proibir toda propaganda a favor da guerra, bem como toda apologia ao ódio nacional, racial ou religioso que constitua incitação à discriminação, à hostilidade, ao crime ou à violência" (Departamento de Assuntos Jurídicos Internacionais, 2005).

No entanto, a criatividade da propaganda para atrair o consumidor não pode afetar a qualidade das ideias e fatos relacionados diretamente com os produtos e serviços em si. Não se pode esquecer que a propaganda cumpre um importantíssimo papel informativo aos consumidores quanto a mercadorias e atividades disponíveis no mercado, suas características fundamentais etc.,[246] o que demanda veracidade e objetividade para descrevê-los. O lançamento de um veículo novo que contenha poucos itens de segurança, apenas o mínimo exigido pelas normas governamentais, não pode exagerar no anúncio para passar ao consumidor que se trata de um dos carros mais seguros já fabricados.

As ideias que recaem sobre os produtos e serviços, de igual sorte, devem ser benéficas e sinceras.

A regulação específica de conteúdo das propagandas concentra-se na proibição daquelas consideradas sub-reptícia, abusiva ou enganosa. A primeira consiste em propaganda dissimulada que não observa o princípio da identificação, conforme analisamos anteriormente. Já as últimas são mensagens que não preencheram um ou mais requisitos próprios da ideia e/ou da notícia, que são seus elementos constituintes. Anúncios que estimulem o ódio, por exemplo, são obviamente abusivos por não respeitarem o requisito ideológico do bem.[247]

As legislações basicamente tratam desses dois conceitos que, em princípio, estão bem definidos no ordenamento jurídico nacional. Na propaganda abusiva há uma afronta direta ao requisito ideológico do bem. Ela pode ser considerada como toda propaganda que venha a estimular a compra de produtos ou serviços nocivos aos consumidores. Nas boas palavras da legislação brasileira, são mensagens discriminatórias de qualquer natureza que "incite à violência, explore o medo ou a superstição, se aproveite da deficiência de julgamento e experiência

[246] O Tribunal Europeu de Direitos Humanos (TEDH) chegou a essa conclusão ao julgar o caso do advogado Casado Coca, em que entendeu que o direito à publicidade está incluso na liberdade de informação e expressão contida no artigo 10 da Convenção Europeia, o que possibilita que o advogado faça propaganda de seus serviços nos meios de comunicação, afastando-se a proibição contida no art. 31 do Estatuto Geral da Advocacia da Espanha (European Court Of Human Rights, 1994).

[247] O Código de Radiodifusão da OFCOM dedica atenção especial a esse tipo de propaganda, a saber: "Esta seção do Código cobre material que possa incitar ao crime ou à desordem, refletindo o dever do OFCOM de proibir a transmissão desse tipo de programação. Existem também regras nesta secção que abrangem materiais que contenham ódio, tratamento abusivo e depreciativo e representações de crimes e processos penais. Estes são relevantes para o dever do OFCOM de fornecer proteção adequada aos membros do público contra a inclusão em serviços de televisão e rádio de material ofensivo e prejudicial" (OFCOM, 2020, tradução nossa).

da criança, desrespeita valores ambientais, ou que seja capaz de induzir o consumidor a se comportar de forma prejudicial ou perigosa à sua saúde ou segurança".[248]

Por sua vez, a propaganda enganosa não preenche os requisitos da sinceridade ideológica, da veracidade e/ou da objetividade noticiosas, mantendo o consumidor em erro quanto à percepção exata do produto ou serviço para que provoque um incentivo ao consumo, sem o qual dificilmente teria ocorrido. Novamente chamamos a atenção para o conceito legal de propaganda enganosa no Brasil, conforme transcrito anteriormente.

3.3.5 Entretenimentos

Por entretenimento deve-se entender toda mensagem composta destinada ao lazer e divertimento dos usuários. Nela acomodam-se os filmes, novelas, desenhos animados, programas de auditório etc. O importante é detectar que a finalidade daquela mensagem tem nitidamente o caráter de satisfazer o desejo de distração das pessoas de suas atividades cotidianas. É o alívio mental que todos merecem de suas atividades laborais, domésticas, educacionais etc.[249]

A sociedade contemporânea busca seu lazer, em grande parte, através do consumo de programas nos meios de comunicação social, cuja oferta foi multiplicada pela expansão da internet que proporciona toda espécie de distração a qualquer momento e em qualquer lugar através de *smartphones*. O rádio e a televisão estão disponíveis 24 horas por dia, com possibilidade agora de escolhermos a que programa de entretenimento queremos assistir. A sociedade de massas estendeu suas garras aos entretenimentos, penetrando fortemente na área cultural e desportiva que geram lucros astronômicos aos meios de comunicação.

---

[248] "Art. 37. É proibida toda publicidade enganosa ou abusiva. (...)
§1º É enganosa qualquer modalidade de informação ou comunicação de caráter publicitário, inteira ou parcialmente falsa, ou, por qualquer outro modo, mesmo por omissão, capaz de induzir em erro o consumidor a respeito da natureza, características, qualidade, quantidade, propriedades, origem, preço e quaisquer outros dados sobre produtos e serviços.
§2º É abusiva, dentre outras, a publicidade discriminatória de qualquer natureza, a que incite à violência, explore o medo ou a superstição, se aproveite da deficiência de julgamento e experiência da criança, desrespeita valores ambientais, ou que seja capaz de induzir o consumidor a se comportar de forma prejudicial ou perigosa à sua saúde ou segurança" (Brasil, 1990b, Cap. V).

[249] O artigo 24 da DUDH preconiza o direito ao lazer nos seguintes termos: "Toda a pessoa tem direito ao repouso e aos lazeres, especialmente, a uma limitação razoável da duração do trabalho e as férias periódicas pagas" (UN, 2024).

A cultura e desportos que, em princípio, não se enquadravam nessa espécie de mensagem, passaram, em sua maior parte, a funcionar como instrumentos de distração e lazer.

Mensagens de entretenimento, focadas em diversão, não necessitam cumprir criteriosamente os requisitos de qualidade de seus componentes, não se podendo cobrar com rigor o preenchimento da veracidade, objetividade, bem ou sinceridade nesses programas. Tendo em vista que a função conativa é predominante, ficamos satisfeitos com o sentido da mensagem que já nos proporciona lazer e divertimento, sem nos preocuparmos com a existência de um referente ou com o valor de verdade da sentença. E como não nos importamos com tais elementos, abrimos mão, em parte, da regulação de conteúdo das mensagens de entretenimento.

Não é raro que o programa de entretenimento em determinados momentos mude o foco para concentrar atenção em outro elemento da comunicação passando a predominar a função expressiva das mensagens ideológicas ou referencial das notícias. Nesse caso, é importante observar o contexto para detectar a intensidade da predominância, pois quanto mais se aproximar da finalidade de entretenimento através da função conativa, menor o rigor no cumprimento dos requisitos das mensagens singulares. Nesse sentido, a ERC tem se preocupado com o infoentretenimento,[250] justamente para que se não venha a infringir a dignidade da pessoa humana e outros direitos fundamentais ligados à notícia, mascarado de entretenimento.

3.4 Regulação corretiva

O terceiro e último ponto da metodologia sugerida diz respeito às medidas adequadas para corrigir as falhas de comunicação no mercado

[250] "O infoentretenimento ou *infotainment* é uma dessas realidades e nela a ERC tem avançado com redobrados cuidados, com vista a equilibrar os diversos interesses e direitos em confronto.
Se, por um lado, num programa de entretenimento a abordagem de temas mais sérios e de interesse jornalístico poderá promover não só a informação do público de modo mais simplificado, como também alertar para situações que merecem ser objeto de apreciação pública, a simplificação do discurso jornalístico, em particular quando aliado a um objetivo de dramatização do conteúdo para apelo às emoções, pode colidir com as regras e obrigações ético-legais que impendem sobre a atividade jornalística. A espetacularização e o sensacionalismo no tratamento de algumas questões podem pôr em causa direitos fundamentais de terceiros, cabendo aos operadores garantir que a sua programação respeite a dignidade da pessoa humana e dos direitos, liberdades e garantias fundamentais (ERC, 2019).

de ideias. Aqui prepondera o aspecto da necessidade em que qualquer intervenção deve ser minimalista, aplicando apenas o necessário para resolver o problema. A liberdade primeira – que prefere às demais – deve fluir o mais abundantemente possível e, quando necessárias medidas corretivas, devem-se privilegiar instrumentos sancionatórios que afetem gradualmente desde os elementos mais periféricos até os mais centrais da comunicação.

Idealmente, as medidas iniciais propostas devem focar em área periférica, afetando apenas indiretamente as liberdades de programação ou editorial. Não sendo suficiente, a intervenção pode ser ampliada, progressiva e respectivamente, para essas áreas. Além disso, é importante priorizar medidas que promovam a pluralidade, reservando ações mais drásticas, como a suspensão de mensagens ou cancelamento de perfis, para casos extremos que envolvam conteúdos sensíveis.

A chave é assegurar que qualquer ação regulatória seja proporcional e focada estritamente no necessário para resolver o problema identificado, mantendo a interferência no mínimo indispensável.

Como a intenção primordial nessa fase é, como regra, incrementar o fluxo de ideias e fatos divergentes, as medidas pluralizantes devem ser aplicadas sempre que possível e em primeiro lugar: isoladamente, se forem suficientes para corrigir a falha, ou cumuladas com outras medidas em obediência ao princípio da necessidade.

A ordem de medidas elaborada a seguir decorre de uma análise valorativa predominantemente abstrata do peso de cada uma delas. A regra é que essa ordem deve ser seguida para que o princípio da necessidade seja obedecido fielmente, no entanto, esse encandeamento pode ser alterado caso uma sanção aparentemente mais severa se afigure mais branda, dependendo do contexto existente. Portanto, devidamente fundamentada na realidade que será objeto de regulação, pode haver alteração da sequência para que se mantenha a progressiva lesividade rumo ao núcleo da liberdade de expressão.

3.4.1 Autocorreção

A primeira medida consiste em dar oportunidade de autocorreção ao próprio emissor. Isso ocorre logo no início do procedimento, quer de ofício, quer de provocação. Muitas vezes, o operador quando notificado pode constatar que, de fato, há uma falha no processo de comunicação e, em cumprimento de seu dever de informar e formar, retifica a mensagem, divulgando-a na sequência.

Uma vez corrigida adequadamente a falha de comunicação pelo próprio MCM, não há necessidade de aplicar qualquer outra medida, nem mesmo as medidas pluralizantes.

A autocorreção não afeta as liberdades de programação e editorial do OCS, pois ao se convencer da falha e promover a correção, está, na verdade, exercendo tais liberdades. Não podemos perder de vista que liberdade editorial é a faculdade de criar e alterar, bem como que programar envolve a ação de programar e reprogramar. O exercício da autorretificação não gera automaticamente outras responsabilidades ao meio de comunicação, situação que só é cabível quando o destinatário provar a real malícia do emissor. É perfeitamente factível, portanto, que haja falha na comunicação sem que haja responsabilidades outras além da correção da mensagem, do programa ou da programação.

3.4.2 Medidas pluralizantes

Os meios ou medidas pluralizantes se constituem em instrumentos que fomentam o pluralismo interno nos OCS ao abrir o espaço em sua programação para vozes divergentes. Eles são destinados a corrigir falhas do mercado através do incremento qualitativo do debate público, obtido por meio do aumento do fluxo de mensagens antagônicas e/ou complementares.

Essas medidas interferem logicamente com a liberdade de programação da OCS, sem afetar sua liberdade editorial, uma vez que o conteúdo veiculado no âmbito desses direitos são de responsabilidade dos seus produtores e não do veículo de comunicação que os transmite. Por essa razão, podem ser utilizadas com menos parcimônia que as restritivas que implicam remoção, prévia ou posterior, da mensagem regulada. Dissemos alhures e reiteramos agora, a regulação ampliativa é a de maior valia para corrigir as falhas do mercado e a que menos interfere na liberdade de expressão do emissor, muito pelo contrário, ao fomentar o debate crítico, revitaliza a força-motriz do livre mercado de ideias, que, desde sua concepção, foi pensado, em sua essência e pureza, para ser campo aberto de batalha para depurar a "verdade" através da força do melhor argumento.[251] As falhas do mercado nada

[251] "Quando alguém trabalha arduamente nas minas profundas do conhecimento e fornece suas descobertas completamente equipado, expõe suas razões como uma batalha, derrota todas as objeções em seu caminho, desafia seu adversário para o campo aberto, oferece a vantagem do vento e do sol, se desejado, apenas para tentar o assunto mediante argumentos,

mais são que as pontes estreitas que a regulação deve ampliar para que a liberdade de expressão possa atravessá-las sem ser molestada.

A regulação ampliativa pode ser feita de ofício pelo órgão regulador ou provocada por aqueles que detêm interesse e legitimidade. A atuação automática do regulador deve dar-se apenas quando há interesses difusos envolvidos.[252] Nesse caso, o princípio da neutralidade direciona a atividade da entidade reguladora que, jamais pode ser fonte de ideias ou notícias, limitando-se a: 1) dar acesso a grupos, preferencialmente, ou a pessoas que venham a qualificar o debate público; ou 2) a associar mensagens existentes no mercado, quando pelas circunstâncias apresentadas for impraticável a primeira hipótese. Perseguimos uma regulação democrática da comunicação social, o que significa que as mensagens pluralizantes devem provir de pessoas e grupos inseridos na sociedade, e não do órgão regulador.

No caso de interesses estritamente coletivos ou individuais, os grupos ou pessoas afetadas, respectivamente, têm legitimidade para acionar a entidade reguladora. Nessa hipótese, novamente com olhos no princípio da neutralidade, o órgão regulatório deve manter-se inerte, apenas processando aquilo que lhe for solicitado. No entanto, quando o interesse é difuso, além da competência da entidade reguladora, há a competência concorrente dos grupos ou indivíduos afetados. Dessa forma, o sistema de controle se tornará mais democrático e eficiente, resguardando-se a imparcialidade do ente regulador.

A correção ampliativa consegue mitigar as falhas do mercado tanto como quando o OCS atua positiva quando omissivamente. No primeiro caso, a regulação viabiliza a apresentação de fatos, ideias ou opiniões diferentes daquelas que já foram veiculadas pelos meios de comunicação, de forma similar à adotada pela doutrina da justiça

---

mas então seus oponentes se esquivam, fazem emboscadas e mantêm uma ponte estreita de licença pela qual o desafiante deve passar, embora seja valoroso como um soldado, é apenas fraqueza e covardia nas guerras da verdade" (Milton, 2004, p. 62).

[252] Segundo parágrafo único, I a III, do art. 81 do Código de Defesa do Consumidor brasileiro, os interesses coletivos podem ser:
"I - interesses ou direitos difusos, assim entendidos, para efeitos deste código, os transindividuais, de natureza indivisível, de que sejam titulares pessoas indeterminadas e ligadas por circunstâncias de fato;
II - interesses ou direitos coletivos, assim entendidos, para efeitos deste código, os transindividuais, de natureza indivisível de que seja titular grupo, categoria ou classe de pessoas ligadas entre si ou com a parte contrária por uma relação jurídica base;
III - interesses ou direitos individuais homogêneos, assim entendidos os decorrentes de origem comum" (Brasil, 1990b).

(*fairness doctrine*).[253] No segundo caso, ela permite o debate sobre temas não pautados pelos veículos, arrefecendo o poder da teoria do agendamento (*agenda setting*). Nessa hipótese, deve-se facilitar acesso simultaneamente às correntes antagônicas para que o assunto não pautado seja, desta sorte, apresentado de forma imparcial.

A provocação perante a entidade reguladora se dá basicamente através de três institutos, já consolidados na legislação internacional[254] e nacional:[255] direito de retificação, de resposta – ou réplica – e direito de acesso. Este é um direito coletivo, cuja titularidade é dos grupos sociais relevantes, enquanto aqueles são individuais e pertencem àquelas pessoas ofendidas em decorrência de mensagem noticiosa ou ideológica. Essa é a diferença básica entre eles, no entanto, percebe-se que todos viabilizam maior pluralismo interno dos OCS, por isso, não há de se ter muito rigor quando se manejar um deles que não seria, em princípio, o mais apropriado ao caso, pois é plenamente aplicável o princípio da fungibilidade processual.

---

[253] A doutrina exigia que os OCS norte americanos abordassem em suas programações assuntos de interesse público e que os retratasse com lealdade, dando oportunidades a pontos de vistas diferentes, conforme nos explica Kathleen Ruane, a saber: "A Doutrina da Justiça consistia em dois requisitos básicos: (1) que cada licenciado dedicasse uma parte razoável do tempo de transmissão à discussão e consideração de questões controversas de importância pública; e (2) que, ao fazê-lo, [a emissora deve ser] justa – isto é, [a emissora] deve esforçar-se afirmativamente para disponibilizar (...) facilidades para a expressão de pontos de vista contrastantes sustentados por elementos responsáveis com relação às questões controversas apresentado" (Ruane, 2011, tradução nossa). Por sua vez, o Código da OFCOM reservou uma seção específica para tratar desse tema, a saber: "Seção Sete: Justiça. Princípio: Garantir que as emissoras evitem tratamentos injustos ou desleais de indivíduos ou organizações em programas" (OFCOM, 2020, tradução nossa).

[254] "Artigo 14. Direito de retificação ou resposta - 1. Toda pessoa atingida por informações inexatas ou ofensivas emitidas em seu prejuízo por meios de difusão legalmente regulamentados e que se dirijam ao público em geral, tem direito a fazer, pelo mesmo órgão de difusão, sua retificação ou resposta, nas condições que estabeleça a lei" (Departamento de Assuntos Jurídicos Internacionais, 2005).
"Artigo 28º - 1. Sem prejuízo de outras disposições de direito civil, administrativas ou penais adoptadas pelos Estados-Membros, qualquer pessoa singular ou coletiva, independentemente da sua nacionalidade, cujos legítimos direitos, nomeadamente a sua reputação e bom nome, tenham sido lesados na sequência de uma alegação incorreta feita durante uma emissão televisiva, deve beneficiar do direito de resposta ou de medidas equivalentes. Os Estados-Membros assegurarão que o exercício efetivo do direito de resposta ou de medidas equivalentes não seja dificultado pela imposição de termos ou condições excessivos. A resposta será transmitida num prazo razoável, após justificação do pedido, em momento e forma adequados à emissão a que o pedido se refere" (European Parliament, 2010, tradução nossa).

[255] No Brasil a Lei nº 13.188/2015 dispõe sobre o direito de resposta ou retificação do ofendido em matéria divulgada, publicada ou transmitida por veículo de comunicação social (Brasil, 2015).

Sob o prisma doutrinário, o direito de retificação e o de resposta se destinam a corrigir, respectivamente, mensagem noticiosa e ideológica que venha a afetar os direitos do usuário por não observar as diretrizes gerais da programação e os requisitos específicos de cada uma delas. Contudo, o ordenamento jurídico brasileiro, em princípio, não delimita os contornos exatos de cada um deles, pelo contrário, tudo leva a crer que são tratados como um só instituto. O que efetivamente importa é que a pessoa, física ou jurídica, detém um instrumento para corrigir mensagem cujo conteúdo atente, ainda que por equívoco, contra seus direitos de personalidade.

No que se refere ao direito de acesso, deve-se pontuar que a Constituição portuguesa de 1976 foi a primeira a reconhecê-lo expressamente aos grupos sociais,[256] sendo acompanhada pela Constituição espanhola de 1978.[257] O direito de acesso consiste na faculdade de difusão de mensagens dentro da programação dos meios de comunicação social por parte dos grupos sociais relevantes.[258]

A Constituição Federal brasileira não positivou o direito de acesso dos grupos sociais aos meios de comunicação social, no entanto, reconheceu expressamente os princípios que compõem o tripé comunicativo, bem como, o direito de acesso dos grupos políticos.[259]

---

[256] "Art. 40º
Direitos de antena, de resposta e de réplica política
1. Os partidos políticos e as organizações sindicais, profissionais e representativas das atividades económicas, bem como outras organizações sociais de âmbito nacional, têm direito, de acordo com a sua relevância e representatividade e segundo critérios objetivos a definir por lei, a tempos de antena no serviço público de rádio e de televisão" (Portugal, [2005]).

[257] "Artigo 20
(...)
3. A lei regulará a organização e o controle parlamentar dos meios de comunicação social dependentes do Estado ou de qualquer entidade pública e garantirá o acesso aos referidos meios de comunicação social a grupos sociais e políticos significativos, respeitando o pluralismo da sociedade e as diversas linguagens da sociedade" (España, 1978, tradução nossa).

[258] Rallo Lombarte (2000, p. 158, tradução nossa) comenta: "O constituinte pretendia incluir, entre as diferentes medidas democratizantes da comunicação, o reconhecimento do direito dos partidos políticos – e de outros grupos sociais significativos – ao livre acesso aos espaços de radiodifusão e televisão, o que facilitaria um certo trabalho de pedagogia política e, em suma, permitiram-lhes participar na formação da vontade popular (art. 6º dC)." Por sua vez, Antonio Fraguas (2007, p. 57, tradução nossa) entende que: "Direito de utilização, direta, mediata ou imediata, de determinados espaços de programação radiofónica e televisiva de propriedade pública por sujeitos não profissionais, expressamente chamados a fazê-lo pelo ordenamento jurídico, para difundir emissões cujo conteúdo e preparação sejam determinados autonomamente pelos acessantes. ou em conjunto com o meio de comunicação, dentro dos limites gerais estabelecidos para emissões de rádio e televisão."

[259] Ver art. 17, §3º, da CF (Brasil, 1988).

A legislação brasileira já inclui exemplos significativos que reconhecem o direito de acesso dos grupos sociais aos meios de comunicação,[260] o que permite concluir que o marco normativo – constitucional e legal – é propício ao seu pleno desenvolvimento, sendo necessária, para tanto, a aprovação de uma lei federal para regulamentá-lo.

Dentre os inúmeros aspectos que se podem abordar sobre esse riquíssimo direito coletivo,[261] é suficiente, para os fins deste estudo, concentrarmo-nos no seu sujeito ativo,[262] cuja delimitação repercute no alcance de sua finalidade maior de resguardo ao pluralismo interno dos OCS.

O direito de acesso ou de antena – como é denominado em Portugal –[263] é uma liberdade positiva em que o Estado intervém no mercado de ideias para minorar a desigualdade de oportunidades de acesso. Dessa forma, o direito de acesso contribui para criar condições mínimas ao livre exercício da liberdade de expressão, fomentando o tripé comunicativo.[264] Essa é a principal finalidade desse direito. Caso

---

260 O primeiro exemplo normativo refere-se à Lei nº 8.624, de 4 de fevereiro de 1993, que regulamentou o plebiscito realizado no Brasil para que o povo definisse a forma e o sistema de governo, em virtude do art. 2º do Ato das Disposições Constitucionais Transitórias; o segundo se refere à Lei do Estado do Rio Grande do Sul nº 9.726/1992, de 17 de setembro, que desenvolveu o artigo 239 da Constituição do mencionado Estado; e o terceiro diz respeito à Lei nº 9.612, de 19 de fevereiro de 1998, que instituiu o serviço de radiodifusão comunitária.

261 Para um estudo mais aprofundado sobre o tema, é possível consultar minha tese de doutorado intitulada *El derecho de acceso de los grupos sociales a los medios de comunicación. Especial consideración del ordenamiento jurídico brasileño* (2015), que se encontra disponível no site da biblioteca da Universidad Complutense de Madrid.

262 O direito de acesso de titularidade dos partidos políticos não será objeto de nossa análise, pois ele apresenta uma configuração bem específica, que fundamenta a distribuição do tempo de antena com base na representação perante o Parlamento, como se vê, por exemplo, no art. 59º.2, "a", "b" e "c" da Lei de Televisão portuguesa (Portugal, 2007).

263 A esse respeito, Jonatas Machado (2002, p. 682) sustenta: "Entre nós, a Constituição consagra expressamente um direito de antena no serviço público de rádio e de televisão, entendido como um espaço de programação própria da responsabilidade do titular do direito, colocando-o gratuitamente na disponibilidade, de partidos políticos, das organizações sindicais, profissionais e representativas das atividades económicas, bem como de outras organizações sociais de âmbito nacional, de acordo com a relevância e representatividade e segundo critérios objetivos a definir por lei. Subjacente à garantia desse direito se encontram os princípios da igualdade de oportunidade comunicativas e pluralismo, ínsitos na actual compreensão do Estado de Direito Democrático e Social."

264 O Conselho da Administração da corporação RTVE, em suas diretrizes gerais, afirma: "O direito de acesso, como o poder reconhecido de "grupos sociais e políticos significativos" de utilizar meios de comunicação públicos para, no exercício da liberdade de expressão e informação, transmitir e divulgar as suas ideias e doutrinas a toda a sociedade, promove o pluralismo interno dos meios de comunicação e, consequentemente, a formação de uma opinião pública livre e plural. Além disso, contribui para a eficácia do princípio da igualdade ao proporcionar a determinados grupos um canal de comunicação que lhes permite alcançar

o mercado de ideias não apresentasse falhas que impedissem o acesso da maioria das pessoas e grupos sociais, o direito de acesso não teria razão para existir.

Para servir como instrumento regulatório de correção no âmbito da atuação positiva dos OCS, o exercício do direito de acesso deve proporcionar um efetivo estímulo ao pluralismo interno dos MCM ao permitir o acesso daqueles que, somente com esforço próprios, não conseguem adentrar na esfera pública para difundir seus pensamentos. O mercado de ideias, por óbvio, movimenta-se segundo as forças de seus agentes que agem na busca de seus interesses particulares. Nesse jogo de poder, os grupos predominantes tendem a dominar espaços cada vez maiores do mercado, estreitando as portas de entrada para um grande número de pessoas e grupos.

Na busca pela sobrevivência, os grupos sociais buscam acessos cada vez mais privilegiados à esfera pública para difundir suas ideias e defender seus interesses associativos, fortalecendo-se perante os demais. Sob a perspectiva do livre mercado de ideias, os grupos economicamente mais fortes utilizam basicamente duas estratégias para conseguir esse propósito: tornam-se proprietários de MCM ou pagam pelos espaços na programação dos OCS existentes. Enfim, de um jeito ou de outro, esses grupos conseguem o acesso necessário, ao contrário dos demais que não dispõem de meios suficientes para conquistá-lo por si próprios. Essa lógica de mercado enfraquece o pluralismo externo (pluralidade de OCS) e, por consequência, também o interno (pluralismo de mensagens dentro de cada OCS).

O direito de acesso se volta especificamente para mitigar a deficiência de pluralismo interno que decorre da realidade social desigual encontrada nas sociedades em que vivemos. Assim, podemos tirar algumas conclusões que servem de parâmetros para o exercício do direito de antena:

1. A relevância do grupo social, que lhe confere titularidade ao acesso, deve se embasar, respectivamente, em critérios qualitativos (conteúdo divergente) e quantitativos (representatividade social). O pluralismo interno só se efetiva se a mensagem transmitida pelo titular tiver conteúdo divergente

---

um maior alcance de divulgação. Ambas as tarefas estão totalmente incluídas na missão de serviço público pela qual a Corporação RTVE é responsável" (Directrices [...], [2024], tradução nossa).

daquela publicada, para que o público tenha pontos de vistas diversos sobre o mesmo tema.

2. Em princípio, grupos sociais economicamente poderosos não podem ser titulares de acesso, pois naturalmente já divulgam suas ideias no mercado através de seus recursos financeiros próprios. Conceder-lhes mais espaços nas programações dos OCS significaria apenas reforçar o que já foi difundido, privilegiando o monismo ideológico em detrimento do pluralismo interno, isto é, o direito de acesso seria usado para fins diametralmente oposto a sua finalidade principal.

Observando-se a forma como está estruturado o direito de acesso nas legislações portuguesa[265] e espanhola,[266] percebe-se que ele se presta a minimizar os efeitos do agendamento, quando os OCS atuam de forma omissiva. De fato, a distribuição do tempo de acesso de modo uniforme entre os grupos, a titularidade do direito embasada na representatividade dos grupos – que, em regra, corresponde ao critério quantitativo (maior número de membros) – e o momento de exercício indeterminado ao longo de um período (em Portugal os grupos devem reservar o horário com antecedência mínima de 15 dias, conforme artigo 61.2 da Lei de Televisão) – demonstram que as associações usam o tempo para divulgar suas ideias sem qualquer vinculação com um tema específico veiculado pelos MCM.

Quando os OCS atuam positivamente no mercado, pautando determinado tema de forma parcial, é que podemos extrair os melhores benefícios desse direito para a sociedade como um todo. Nesse caso, fica mais nítida sua natureza instrumental de enriquecimento do

---

[265] Ver artigos 59 a 63 da Lei de Televisão (Portugal, 2007) e arts. 53 a 56 da Lei de Rádio portuguesas.

[266] "Artigo 3.º
1. No final de cada semestre será aberto um prazo de quinze dias para os grupos políticos e sociais significativos que não tenham estado presentes no semestre anterior na programação geral da TVE e RNE ou na programação específica destinados aos referidos grupos, possam apresentar um pedido de exercício do direito de acesso.
2. A abertura do período correspondente será anunciada através do site da RTVE, sem prejuízo da publicidade que possa ser oferecida através dos meios de comunicação próprios da Corporação (...).
(...)
Artigo 5.º 1. No prazo de quinze dias após o término do prazo para apresentação de candidaturas, as comissões previstas no artigo 1º procederão à sua apreciação e à elaboração de uma proposta que apresentarão ao Diretor do meio de comunicação social sobre os grupos considerados significativos e que terão presença na mídia no semestre seguinte" (RTVE, 2019, tradução nossa).

tripé comunicativo. Talvez ainda não se tenha descoberto o verdadeiro poder do direito de acesso em fomentar o pluralismo interno, como foi perpetrado nos anos dourados da *fairness doctrine* nos Estados Unidos, justamente por se priorizar sua aplicação com base no comportamento omissivo dos MCM.

Para identificar a titularidade do direito de acesso em face de conduta ativa dos OCS é necessário adotar uma metodologia embasada em dois passos. O ponto de partida é constatar qual tema foi divulgado de forma parcial em determinado MCM, que exige complementação através da exposição de um ponto de vista diferente para que a mensagem cumpra seu papel de informação e formação do público. Reiteramos que a neutralidade há de ser buscada de forma contextualizada, portanto, se o grupo divergente dispõe de recursos para se contrapor às mensagens postadas, então não há necessidade de lhe garantir acesso, pois o pluralismo interno não será afetado. Enfim, nessa primeira etapa, o regulador deve guiar-se pelo critério qualitativo, isto é, relevante será o grupo cujos valores sociais abraçados culminem em difusão de mensagens diferentes e/ou complementares daquelas difundidas pelo OCS.

Em um segundo momento, relacionados os grupos sociais qualitativamente significativos e que efetivamente não dispõem de meios para ter acesso ao MCM, deve-se selecionar dentre eles o de maior enraizamento social em termos quantitativo, em regra, aquele que possuir maior quantidade de membros. Esse aspecto obedece ao princípio democrático e à impossibilidade fática de dar acesso a todos os grupos que manifestem interesse no exercício desse direito.

Nessa linha de raciocínio, o regulador deve, ao constatar a infração ao princípio da neutralidade, facilitar o acesso aos grupos relevantes e representativos – conforme dicção do artigo 40.1 da Constituição portuguesa – que correspondem respectivamente aos critérios qualitativos e quantitativos. Exercido o acesso de forma oportuna e adequada pelo grupo social, automaticamente a falha de comunicação será sanada de modo democrático, sem interferir na liberdade de edição dos OCS. Assim, a entidade de regulação e o grupo acedente terão contribuído para o fomento do pluralismo interno dos MCM.

3.4.3 Admoestação

A terceira medida é admoestação que tem cunho pedagógico e conformador, no entanto, também implica juízo de reprovação moral em face do desvalor da conduta praticada, repercutindo negativamente na credibilidade e o bom nome da empresa.

A admoestação se perfectibiliza ao se publicar a decisão do órgão regulador após o decurso do procedimento. Desse modo, a sociedade acaba conhecendo pormenorizadamente os fatos, a fundamentação e a própria reprimenda do regulador, aumentando a reprovação moral da conduta perpetrada.

Esse tipo de sanção é bastante utilizada pela ERC, deixando incólume as liberdades de programação e edição por não interferir no conteúdo da sentença. O Relatório de Regulação 2018 da ERC, no período de 2006 a 2018, demonstra aplicação de uma porcentagem bem superior de admoestação – quase o dobro – comparada à de multa,[267] o que também revela sua política de intervenção mínima nos elementos nucleares da liberdade de expressão dos MCM, preservando-se, assim, o princípio da neutralidade. Nos dois últimos relatórios de regulação (ano 2022 e 2023), apesar de ter sido superado pela multa, a admoestação foi aplicada em uma média de 14% dos casos, restando nítida que ainda é uma sanção de ampla utilização pela ERC.[268]

3.4.4 Sanções pecuniárias

A quarta medida são as sanções pecuniárias, que podem afetar, dependendo do montante da condenação, a própria existência do meio de comunicação, motivo pelo qual se conclui que ela afeta indiretamente as liberdades de programação e de edição.

Não é necessário aprofundar o tema, pois cada ordenamento jurídico já tem disciplinado seu uso dentro das normas do Direito Administrativo, plenamente aplicáveis ao Direito da Comunicação Social, observadas as suas peculiaridades. Ressalta-se apenas sua possibilidade de aplicação através do viés substantivo ou procedimental, isto é, pode ser utilizada, respectivamente, para sancionar a falha de comunicação perpetrada ou para estimular o cumprimento de decisões tomadas pelo órgão regulador. Em ambos os casos, o princípio da necessidade não

---

[267] A admoestação corresponde ao que a ERC (2019, p. 123-124; 130) denomina de "publicitação de decisões individualizadas", com conteúdo vinculativo, no próprio OCS, em que "é a publicitação da decisão individualizada da ERC que constitui desvalor para o OCS visado, pelo juízo de censura implícito na Deliberação da ERC".

[268] ERC, 2019.

permite que a multa venha a apresentar sérios riscos às liberdades de edição e programação dos MCM.

3.4.5 Suspensão do contéudo

A quinta medida consiste na suspensão da mensagem, programa ou programação. Medida severa que afeta as liberdades de programação e editorial, reservada para remover as mensagens com conteúdo sensíveis. Suspender significa remover temporariamente a mensagem, programa ou programação.

A necessidade de salvaguarda dos efeitos maléficos advindos dos conteúdos sensíveis legitima a restrição prévia da mensagem, conforme pontuamos. Essa restrição requer um julgamento muito mais rigoroso, devendo estar evidenciado o dano grave e iminente a pessoas e/ou sociedade. A decisão deve indicar, de modo fundamentado, qual diretriz – geral e/ou específica – foi infringida, bem como justificar necessidade tão drástica dela. Portanto, é imprescindível que a mensagem, programa ou programação seja analisado em atenção a seus elementos intrínsecos e extrínsecos, de tal sorte que sua essência e contexto sejam associados à medida corretiva mais adequada e necessária ao caso concreto.

A suspensão ulterior da mensagem é uma medida amplamente utilizada pelas plataformas digitais por meio da e de seus recursos humanos. Dada a gravidade da sanção, é importante que o emissor que discorde da moderação possa requerer a revogação da suspensão, inicialmente à plataforma e, em caso de insucesso, à entidade reguladora. O procedimento há de ser feito de forma célere com a resposta em horas ou no máximo em um dia. Por isso, as plataformas devem reservar um percentual apropriado de seus funcionários para apreciar esses pedidos, pois se sabe que os robôs ainda têm muito o que aprender para alcançar um nível de excelência que consiga distinguir um conteúdo sensível de um não sensível. De igual sorte, o regulador deve dar uma rápida resposta ao usuário emissor, podendo, inclusive, liminarmente sem a oitiva do OCS determinar a volta da mensagem se presentes os requisitos próprios para tanto.

3.4.6 Cancelamento

A sexta medida é o cancelamento, parcial ou total, do direito de se expressar. É a mais grave sanção a ser imposta, pois equivale a retirar definitivamente a mensagem, programa ou programação.

Quando o cancelamento se dirige apenas em relação a uma mensagem, seja impedindo sua veiculação, seja retirando-a de circulação quando já divulgada, temos o comprometimento parcial da liberdade de expressão do autor. É medida que afeta diretamente o núcleo da liberdade de expressão, isto é, frustra o direito de edição.

Por outro lado, quando cancela o programa ou a programação, equivale a calar a voz de determinada pessoa de forma perene. É uma punição que afeta o emissor, mas em face do conteúdo das mensagens que torna públicas. Em regra, é destinado àqueles que constantemente reiteram a prática de difundir conteúdos sensíveis ou quando há provas contundentes de que sua única finalidade é divulgar tais conteúdos.

A sanção se executa por meio do encerramento forçado da atividade de comunicação do emissor. Na imprensa, perfectibiliza-se pelo do sequestro dos maquinários; na radiodifusão tradicional, através do cancelamento da autorização ou sua não renovação; e nos meios digitais, pelo bloqueio do ID ou do perfil criado nas redes sociais. Essa medida se equipara à censura prévia em seu mais alto nível, pois impossibilita que determinada pessoa se expresse, ou seja, não importa o assunto que ela queira falar, não lhe será permitido acesso à esfera pública para tanto, por isso o caráter genérico da sanção. Por outro lado, destina-se também ao futuro, o que configura sua natureza apriorística. É por essa razão que esse ato regulatório deve receber uma análise rigorosa, uma vez que a intenção principal é atingir reflexivamente o conteúdo, dando-se, no entanto, a aparente conotação de mera regulação do emissor como fonte de mensagens. Reiteramos que, configurando-se a finalidade reflexa de regulação de conteúdo, o ato passará por um escrutínio estrito, pois somente se justifica esse tipo de regulação quando recaia sobre conteúdo sensível que cause danos graves iminentes a pessoas ou a interesses sociais.

É legalmente possível que um canal de televisão não tenha renovada sua concessão, caso não preencha os requisitos legais previstos no ordenamento jurídico para renovação. Portanto, a negativa de prorrogação da licença é um ato perfeitamente normal e cabível. No entanto, quando esta negativa tem uma finalidade disfarçada de calar a voz do concessionário por divergir de conteúdo de suas mensagens, então estamos diante da inadmissível censura prévia.

Casos assim não são tão incomuns. No caso Granier y otros (Radio Caracas Televisión) *v.* Venezuela, a CIDH determinou o reestabelecimento da concessão ao canal de televisão argumentando que estava comprovado que a linha editorial crítica em relação ao governo venezuelano foi um dos motivos para a não renovação da concessão.[269]

O bloqueio de perfis nas redes sociais em razão do conteúdo das mensagens se enquadra nessa hipótese, uma vez que impede o seu titular de continuar postando na respectiva plataforma independentemente do assunto que viria a abordar. As determinações do ministro do STF, relator do Inquérito nº 4.781/2020 (conhecido como inquérito das *fake news*), de suspensão de perfis de supostos aliados do então presidente do Brasil, sob o argumento de interromper os "discursos com conteúdo de ódio, subversão da ordem e incentivo à quebra da normalidade institucional e democrática" são exemplos dessa sanção.[270] Vê-se claramente que o bloqueio das contas se deu em razão de conteúdo sensível, plenamente cabível, desde que comprovado o perigo grave e imediato à ordem social, medida essa que não pode ser enquadrada como censura prévia, e sim como meio de regulação apriorístico de mensagens referente a determinado emissor.

---

[269] "A Corte considerou comprovado que a linha editorial e a posição política transmitida pela RCTV foram um dos principais motivos das decisões tomadas na Comunicação nº 0424 ou na Resolução nº 002" (CDHI, 2015).

[270] Por decisão [...], 2024.

CONCLUSÃO

Embora tenha sido objeto de incontáveis análises e debates ao longo dos últimos séculos, a liberdade de expressão é um tema aberto que carece de profundas reflexões. O estudo da regulação de conteúdo da comunicação social desvela uma encruzilhada histórica entre a liberdade de expressão e a necessária proteção de valores fundamentais da sociedade.

Este trabalho é um tributo à liberdade de expressão. A arte de pensar e se expressar há de ser preservada e potencializada, hoje e sempre, para que, à semelhança de uma poderosa lanterna, venha a iluminar por completo o ordenamento jurídico, a começar pelos princípios estruturantes do Estado Democrático de Direito.

Observando-se a evolução do espaço público de ideias, tem-se a nítida percepção de que o livre mercado, por si só, não consegue solucionar inúmeras falhas de comunicação. Essa incapacidade, aliada à gigantesca regulação privada de conteúdo que recaí cotidianamente sobre mensagens postadas nas diversas redes sociais que dominam atualmente a esfera pública, demonstra que regular o poder regulador é um tema de pauta obrigatória e premente, isto é, precisamos urgentemente moderar o moderador. Este estudo deixa claro que a liberdade de expressão e a regulação de conteúdo não são conceitos antagônicos mas complementares. Postergar esse debate certamente implicará o contínuo enfraquecimento do direito sagrado de se expressar de forma ampla, aberta e desinibida, o que trará reflexos maléficos para a sociedade como um todo.

Partindo de tal pressuposto, a presente reflexão buscou, desde o início, delimitar a atividade regulatória com base em parâmetros mais claros, objetivos e seguros, tornando-a de fácil identificação e execução por parte dos envolvidos no processo comunicativo. O argumento de que a liberdade de expressão não pode romper as fronteiras abstratas da dignidade humana foi apenas o ponto de partida para o deslinde da complexa tarefa de transformar as largas avenidas regulatórias em caminhos estreitos para um seguro caminhar em prol das liberdades jusinformativas.

No transcurso desta obra, podemos perceber com mais nitidez que teorias advindas de diferentes áreas do conhecimento se completam mutuamente para formar terreno sólido em que há de repousar a mais livre expressão do pensamento humano. Dentre elas, há de se destacar a filosofia da linguagem e a linguística como fontes essenciais na construção de um Direito da Comunicação Social mais atuante e efetivo.

Das diversas questões que enfrentamos, cabe destacar que a percepção da atividade regulatória, sob três perspectivas protetoras da liberdade de expressão, é o cerne deste livro. Os parâmetros gerais, específicos e corretivos sugeridos precisam ser depurados através da avaliação de sua aplicabilidade à realidade comunicativa que a sociedade da informação nos apresenta.

A proposta de uma metodologia regulatória que reconheça a importância da participação democrática de todos os envolvidos no processo comunicativo, quando aplicada com a precisão e a cautela aqui sugeridas, não é um atentado à liberdade de expressão; muito pelo contrário, constitui-se numa de suas principais ferramentas de defesa. Ela assegura que a comunicação social seja um vetor para o exercício informado da cidadania, para a manifestação da diversidade e para a realização do debate crítico-racional essencial à democracia.

Atento a utilidade prática das diretrizes aqui traçadas, personalizamos o ChatGPT desenvolvendo uma aplicação denominada "Reme", aberta ao público, que analisa as mensagens postadas na esfera pública através da metodologia aqui delineada. O "Reme" faz uma análise de qualquer mensagem postada, fornecendo resumo da matéria; sua classificação segundo uma das espécies de mensagens existentes; análise do preenchimento, ou não, dos requisitos gerais e específicos através de uma busca geral na *internet* para comparar com outras mensagens afins; por último, apresenta sugestão de medida corretiva, se houver necessidade. O aperfeiçoamento contínuo dessa aplicação poderá contribuir para o exercício da atividade regulatória sem, no entanto, substituir a indispensável intervenção humana.

Este estudo é apenas o ponto de partida que, provocado por críticas, poderá depurar-se progressivamente para nos aproximar, cada vez mais, do doce sonho de que todo ser humano possa expressar livremente seus pensamentos, num processo de construção de uma sociedade mais justa e solidária. Assim, conclui-se que a jornada em direção a uma regulação de conteúdo efetiva e democrática é contínua e exige um compromisso permanente com os valores de liberdade, dignidade, pluralismo e democracia.

REFERÊNCIAS

ALEGRÍA, A. M. El derecho de acceso a los medios de comunicación públicos de los grupos sociales y políticos significativos en el Estado Social y Democrático de Derecho. *Revista Teoría y Realidad Constitucional*, Ciudad de México, v. 2, n. 18, 2006.

ALEGRÍA, A. M. *Los límites de las libertades de expresión e información en el Estado Social y Democrático de Derecho*. Madrid: Congreso de los Diputados, 2006.

ALEXY, R. *El concepto y la validez del derecho*. Barcelona: Gedisa, 2004.

ALEXY, R. *On Balancing and Subsumption*. A Structural Comparison. Oxford: Clarendon, 1989.

ANEXO Reglamento Derecho de Acceso. *RTVE*, Barcelona, 12 abr. 2019. Disponível em: https://x.gd/D5SeN. Acesso em: 24 mar. 2024.

AUSTIN, J. L. *Como hacer cosas con palabras*. Palabras y acciones. Traducción: G. R. Carrió. Barcelona: Ediciones Paidós Ibérica, 1982.

ÁVILA, A. R. *Iniciación a la red* internet. Concepto, funcionamiento, servicios y aplicaciones de *internet*. Vigo: Ideaspropias Editorial, 2007.

ARNOLD, R.; ESTAY, J. I. M.; URBINA, F. Z. El principio de proporcionalidad en la jurisprudencia del tribunal constitucional. *Revista Estudios Constitucionales*, Santiago, año 10, n. 1, p. 65-116, 2012.

A YOUTUBER vegana que enfureceu fãs ao ser filmada comendo peixe. *G1*, Rio de Janeiro, 27 mar. 2019. Disponível em: https://x.gd/9AXPa. Acesso em: 15 jan. 2024.

BARRON, J. A. Access to the press: A new First Amendment right. *Havard Law Review*, Danvers, v. 80, p. 1641-1678, 1967.

BARRON, J. A.; DIENES, C. T. *First Amendment Law in a Nutshell*. Eagan: Thomson West Academic, 1993. *E-book*.

BARROS, C. M. *A qualidade dos serviços de comunicação social segundo a Constituição Federal*. Orientador: Antonio Gomes Moreira Maués. 2005. Dissertação (Mestrado em Direito) – Faculdade de Direito, Universidade Federal do Pará, Belém, 2005.

BARROS, C. M. *El derecho de acceso de los grupos sociales a los medios de comunicación*: especial consideración del ordenamiento jurídico brasileño. Director: Juan Antonio Martínez-Bretón Mateos-Villegas. Thesis (Doctorado en Derecho) – Facultad de Derecho, Universidad Complutense de Madrid, Madrid, 2015. Disponível em: https://x.gd/Jd86Q. Acesso em: 15 jan. 2024.

BARROSO defende regras claras de exclusão de posts por redes sociais no combate a *fake news*. *Supremo Tribunal Federal Notícias*, 3 jul. 2021. Disponível em: https://x.gd/jMoU9. Acesso em: 2 jan. 2024

BARROSO, P. A., TALAVERA, M. M. L. *La libertad de expresión y sus limitaciones constitucionales*. Madrid: Fragua, 1998.

BATTAGLIA, R. Afinal, o que são *deepfakes*? *Superinteressante*, [*S. l.*], 5 jul. 2023. Disponível em: https://x.gd/1Nuzj. Acesso em: 1 jan. 2024.

BAUTISTA, R. V. *Derecho de Tecnologías de la Información y las Comunicaciones (T.I.C.)*. Madrid: Colex, 2001.

BEDINELLIMARÍA, T.; MARTÍN, M. Baleia Azul: o misterioso jogo que escancarou o tabu do suicídio juvenil. *El País*, São Paulo, 2 maio 2017. Disponível: https://x.gd/iHnJx. Acesso em: 15 jan. 2024.

BITELLI, M. A. S. *O Direito da Comunicação e da Comunicação Social*. São Paulo: Revista dos Tribunais, 2004.

BOBBIO, N. *Teoria do ordenamento jurídico*. Brasília: UnB, 1995.

BONAVIDES, P. *Curso de Direito Constitucional*. 13. ed. São Paulo: Malheiros, 2003.

BRASIL. [Constituição (1988)]. *Constituição da República Federativa do Brasil de 1988*. Brasília, DF: Presidência da República, 1988. Disponível em: http://www.planalto.gov.br/ccivil_03/constituicao/constituicaocompilado.htm. Disponível em: https://x.gd/5bCSF. Acesso em: 26 mar. 2024.

BRASIL. Lei nº 4.680, de 18 de junho de 1965. Dispõe sôbre o exercício da profissão de Publicitário e de Agenciador de Propaganda e dá outras providências. *Diário Oficial da União*: Brasília, DF, 1965. Disponível em: https://x.gd/74ux7. Acesso em: 15 jan. 2024.

BRASIL. Lei nº 7.716/89. Define os crimes resultantes de preconceito de raça ou de cor. *Diário Oficial da União*: Brasília, DF, 1989. Disponível em: https://x.gd/BcZCq. Acesso em: 1 jan. 2024.

BRASIL. Lei nº 8.069, de 13 de julho de 1990. Dispõe sobre o Estatuto da Criança e do Adolescente e dá outras providências. *Diário Oficial da União*: Brasília, DF, 1990a. Disponível em: https://x.gd/FG2JJ. Acesso em: 2 jan. 2024.

BRASIL. Lei nº 8.078, de 11 de setembro de 1990. Dispõe sobre a proteção do consumidor e dá outras providências. *Diário Oficial da União*: Brasília, DF, 1990b. Disponível em: https://x.gd/2OCno. Acesso em: 15 jan. 2024.

BRASIL. Lei nº 11.652, de 7 de abril de 2008. Institui os princípios e objetivos dos serviços de radiodifusão pública explorados pelo Poder Executivo ou outorgados a entidades de sua administração indireta; autoriza o Poder Executivo a constituir a Empresa Brasil de Comunicação – EBC; altera a Lei no 5.070, de 7 de julho de 1966; e dá outras providências. *Diário Oficial da União*: Brasília, DF, 1966. Disponível em: https://x.gd/GHRVl. Acesso em: 2 jan. 2024.

BRASIL. Lei nº 12.485, de 12 de setembro de 2011. Lei da TV Paga; Lei da TV por Assinatura; Lei do SeAC; Lei do Serviço de Acesso Condicionado. *Diário Oficial da União*: Brasília, DF, 2011. Disponível em: http://www.planalto.gov.br/ccivil_03/_Ato2011-2014/2011/Lei/L12485.htm. Acesso em: 15 jan. 2024.

BRASIL. Lei nº 13.188/2015. Dispõe sobre o direito de resposta ou retificação do ofendido em matéria divulgada, publicada ou transmitida por veículo de comunicação social. Disponível em: https://x.gd/K9gPz. *Diário Oficial da União*: Brasília, DF. Acesso em: 9 mar. 2024.

BRASIL. Supremo Tribunal Federal (Pleno). Arguição de Descumprimento de Preceito Fundamental 130/DF 130. Relator: Min. Carlos Britto, 30 de abril de 2009 . *Dje*: Brasília, DF, 2009. Disponível em: https://x.gd/pikHk. Acesso em: 1 abr. 2024.

BRASIL. Supremo Tribunal Federal. Reclamação 18.638/CE. Relator: Min. Roberto Barroso, 12 de maio de 2018. *Dje*. Brasília, DF, 12 maio 2018. Disponível em: https://x.gd/n6dk8. Acesso em: 18 jan. 2024.

BRETONES, M. T. *Los medios de comunicación de masas*: desarrollo y tipos. Barcelona: Universitat de Barcelona, 2008.

BUHLER, K. *Theory of Language*: The Representational Function of Language. Philadelphia: Jonh Benjamins B.V., 2011.

CABRAL, D. C. O que foi o julgamento de Nuremberg? Formação inédita de um tribunal militar internacional julgou o alto escalão nazista. *Superinteressante*, Rio de Janeiro, 1 set. 2022. Disponível em: https://x.gd/59pk6. Acesso em: 15 jan. 2024.

CADWALLARD, C.; GRAHAM-HARRISON, E. Revealed: 50 million Facebook profiles harvested for Cambridge Analytica in major data breach. *The Guardian*, [*S. l.*]. 17 Mar. 2018. Disponível em: https://X.gd/nwHA1. Disponível em: https://x.gd/IrLcz. Acesso em: 1 jan. 2024.

CALZADILLA, M. C. L. *Las libertades de expresión e información como garantía del pluralismo democrático*. Madrid: Civitas, 1999.

CANOTILHO, J. J.; MACHADO, J. E. M. Reality shows *e liberdade de programação*. Coimbra: Coimbra Editora, 2003.

CARBONELL, M. (ed.). *El principio de proporcionalidad y la interpretación constitucional*. Quito: Ministerio de Justicia y Derechos Humanos del Ecuador, 2008.

CARVALHO, L. G. G. Castanho de. *Liberdade de informação e o direito difuso* à *informação verdadeira*. Rio de Janeiro: Renovar, 1994.

CARVALHO, P. B. *Curso de Direito Tributário*. 21. ed. São Paulo: Saraiva, 2009.

CARVALHO, T. Lista de *sites* mais visitados do Brasil surpreende; Facebook é o terceiro. *TechTudo*, [*S. l.*], 21 dez. 2023. Disponível em: https://x.gd/8FxQE. Acesso em: 1 jan. 2024.

CASTELLS, M. *A sociedade em rede*. 3. ed. Tradução: R. Venâncio Majer. São Paulo: Paz e Terra, 1999.

CASTELLS, M. *Comunicación y poder*. Traducción: M. Hernández. Madrid: Alianza, 2009.

CASTRO JOVER, A. Contribución al estudio del derecho de acceso a los medios de comunicación. *Revista Documentación Jurídica*, Madrid, v. XIX, 1992.

CIDH. *Caso Granier y otros (Radio Caracas Televisión)* vs. *Venezuela*, 22 jun. 2015. Disponível em: https://x.gd/zGRkx. Acesso em: 12 jan. 2024.

CHILE. *Constitución Política de La República de Chile*. Santiago: Gobierno de Chile, 17 sept. 2005. Disponível em: https://x.gd/TYijq. Acesso em: 15 jan. 2024.

CHOMSKY, N. *Contendo a democracia*. Tradução: V. Ribeiro. Rio de Janeiro: Record, 2003a.

CHOMSKY, N. *Language and Mind*. 3rd. ed. Cambridge: Cambridge University Press, 2006.

CHOMSKY, N. *Propaganda e consciência popular*. Tradução: D. Motta-Roth. Bauru: Edusc, 2003b.

COMISSÃO INTERNACIONAL PARA O ESTUDO DOS PROBLEMAS DA COMUNICAÇÃO. *Um mundo e muitas vozes*: comunicação e informação na nossa época. Tradução: E. Zagury. Rio de Janeiro: Fundação Getulio Vargas, 1983.

COMMUNICATIONS Act of 1934, [1934]. Disponível em: https://x.gd/FVeba. Acesso em: 2 jan. 2024.

COMMUNICATIONS Act of 2003, [2003]. Disponível em: https://x.gd/Z80QZ. Acesso em: 15 jan. 2024.

CORTE INTERAMERICANA DE DERECHOS HUMANOS. *Caso "La Última Tentación de Cristo" (Olmedo Bustos y otros) Vs. Chile Sentencia de 5 de febrero de 2001*. (Fondo, Reparaciones y Costas), [*S. l.*], 2001. Disponível em: https://x.gd/sqtIG. Acesso em: 15 jan. 2024.

COSTA, C. F. *Filosofia da linguagem*. São Paulo: Companhia das Letras, 2002.

COUSIDO GONZÁLEZ, M. P. *Derecho de la Comunicación impresa*. Madrid: Colex, 2001. v. 1.

COUSIDO GONZÁLEZ, M. P. *Derecho de la Comunicación Audiovisual y de las Telecomunicaciones*. Madrid: Colex, 2001. 2 v.

COUSIDO GONZÁLEZ, M. P. *Derecho de la comunicación en* internet. Madrid: Colex, 2001. 3 v.

CRUZ, A. R. S. Regras e princípios: por uma distinção normoteorética. *Revista da Faculdade Direito UFPR*, Curitiba, v. 45, p. 37-73, 2006.

DEPARTAMENTO DE ASSUNTOS JURÍDICOS INTERNACIONAIS. *Convenção Americana sobre Direitos Humanos Preâmbulo*, [*S. l.*], 2005. Disponível em: https://x.gd/i0iwT. Acesso em: 16 jan. 2024.

DÍAZ, R. R. *Teoría de la* agenda-setting: aplicación a la enseñanza universitaria. Madrid: A.F. Alaminos, 2004.

DIEZ-ITZA, E. *El lenguaje*: estructuras, modelos, procesos y esquemas. Un enfoque pragmático. Oviedo: Servicio de Publicaciones de la Universidad de Oviedo, 1993.

DIRECTRICES básicas del derecho acceso en RTVE. *Teledetodos*, [*S. l.*], [2024]. Disponível em: https://x.gd/UiJRZ. Acesso em: 24 mar. 2024.

DRUETTA, D. M. C. ¿*Es internet* un medio de comunicación? *Revista Digital Universitaria*, Ciudad de México, v. 7, n. 6, p. 1-9, 2006.

DUHALDE, E. L.; ALÉN, L. H. *Teoría jurídico-política de la comunicación*. Buenos Aires: Eudeba, 2007.

DURKHEIM, É. *De la división del trabajo social*. Traducción: C. G. Posada Madrid: Akal, 2001.

DURKHEIM, É. *Las reglas del método sociológico*. Traducción: E. Brandão. México: Fondo de Cultura Económica, 2001.

DWORKIN, R. *El derecho de las libertades*. La lectura moral de la Constitución norteamericana. Tradução: M. Parmigiani. Lima: Palestra Editores, 2019. *E-book*.

DWORKIN, R. *O império do Direito*. Tradução: J. L. Camargo. São Paulo: Martins Fontes, 1999.

DWORKIN, R. *Uma questão de princípio*. Tradução: L. C. Borges. São Paulo: Martins Fontes, 2001.

ENTENDA o genocídio de Ruanda de 1994: 800 mil mortes em cem dias. *BBC News Brasil*, São Paulo, 7 abr. 2014. Disponível em: https://x.gd/iPyQS. Acesso em: 15 jan. 2024.

ERC. *Deliberação ERC/2016/249 (OUT-TV)*. Critérios para avaliação do incumprimento do disposto nos nº 3 e 4 do artigo 27º da Lei da Televisão e dos Serviços de Comunicação Social Audiovisual. Lisboa: ERC, 22 nov. 2016. Disponível em: https://x.gd/ye2yO. Acesso em: 15 jan. 2024.

ERC. *Relatório de Regulação 2018*. Lisboa: ERC, 2019. Disponível em: https://x.gd/RjCK8. Acesso em: 2 abr. 2024.

ESPAÑA. [Constitución (1978)]. *Constitución Española*. Madrid: Presidencia de la Comunidad, 1978. Disponível em: https://x.gd/xI1A1. Acesso em: 15 jan. 2024.

ESPAÑA. Ministerio de la Presidencia, Justicia y Relaciones con las Cortes (Pleno). Cuestión de inconstitucionalidad número 301/1982. Sentencia número 103/1983, de 22 de noviembre, y votos particulares (...). *BOE*: Madrid, n. 298, p. 15-20, 14 dec. 1983. Disponível em: https://x.gd/Txk45. Acesso em: 24 mar. 2024.

ESPAÑA. Ministerio de la Presidencia, Justicia y Relaciones con las Cortes. Ley 7/2010, de 31 de marzo, General de la Comunicación Audiovisual (...). *BOE*: Madrid, n. 79, de 1 abr. 2010. Disponível em: https://x.gd/S4OlI. Acesso em: 15 jan. 2024.

ESPAÑA. Ministerio de la Presidencia, Justicia y Relaciones con las Cortes. Tribunal Constitucional. Sentencia 13/1985 (...). *BOE*: Madrid, 31 ene. 1985. Disponível em: https://x.gd/nAk1Y. Acesso em: 16 jan. 2024.

ESPAÑA. Ministerio de la Presidencia, Justicia y Relaciones con las Cortes. Tribunal Constitucional. Sentencia 27/2020, de 24 de febrero de 2020 (...). *BOE*: Madrid, n. 83, p. 27224-27241, 26 mar. 2020. Disponível em: https://www.boe.es/diario_boe/txt.php?id=BOE-A-2020-4112. Acesso em: 16 jan. 2024.

ESPAÑA. Ministerio de la Presidencia, Justicia y Relaciones con las Cortes. Tribunal Constitucional (Pleno). Sentencia 86/2017, de 4 de julio de 2017 (...). *BOE*: Cataluña, n. 171, p. 63174-63229, 19 jul. 2017. Disponível em: https://www.boe.es/buscar/doc.php?id=BOE-A-2017-8471. Acesso em: 16 jan. 2024.

ESPAÑA. Ministerio de la Presidencia, Justicia y Relaciones con las Cortes. Tribunal Constitucional. Sentencia 105/1990 (...). *BOE*: Zaragoza, n. 160, p. 12-16, 5 jul. 1990. Disponível em: https://www.boe.es/buscar/doc.php?id=BOE-T-1990-15864. Acesso em: 16 jan. 2024.

ESPAÑA. Ministerio de la Presidencia, Justicia y Relaciones con las Cortes. Tribunal Constitucional. Sentencia 112/2016, de 20 de junio de 2016 (...). *BOE*: Madrid, n. 181, p. 52581-52605, 28 jul. 2016. Disponível em: https://x.gd/0QAj3. Acesso em: 24 mar. 2024.

ESPAÑA. Ministerio de la Presidencia, Justicia y Relaciones con las Cortes. Tribunal Constitucional. STC 187/1999, de 25 de octubre de 1999 (...). *BOE*: Madrid, n. 286, p. 3 a 14, 30 nov. 1999.

EUROPEAN COURT OF HUMAN RIGHTS. *Sentencia 15450/89*. Caso Casado Coca Contra España, 24 febr. 1994. Disponível em: https://x.gd/QYCXa. Acesso em: 15 jan. 2024.

EUROPEAN PARLIAMENT. Declaração do Parlamento Europeu sobre a proclamação do dia 23 de agosto (...). *European Union Law*: [*S. l.*], 23 set. 2008. Disponível em: https://x.gd/H3MLV. Acesso em: 15 jan. 2024.

EUROPEAN PARLIAMENT. Directiva 2006/114/CE (...). *European Union Law*: [*S. l.*], 12 dez. 2006. Disponível em: https://x.gd/hpQtZ. Acesso em: 15 jan. 2024.

EUROPEAN PARLIAMENT. Directive 2010/13/E (...). *European Union Law*: [*S. l.*], 10 mar. 2010. Disponível em: https://x.gd/eWSm2. Acesso em: 2 jan. 2024.

FALCÃO, M; VIVAS, F.; TAVARES, B. Contas de bolsonaristas em redes sociais são retiradas do ar após decisão de Moraes. *G1*, Brasília, 24 jul. 2020. Disponível em: https://x.gd/xmNKZ. Acesso em: 15 jan. 2024.

FARIAS, E. *Liberdade de expressão e comunicação*: teoria e proteção constitucional. São Paulo: Revista dos Tribunais, 2004.

FCC. *Obscene, Indecent and Profane Broadcasts*, [*S. l.*], 13 Jan. 2021. Disponível em: https://x.gd/OTWbF. Acesso em: 11 fev. 2024.

FERNÁNDEZ NIETO, J. *Principio de proporcionalidad y derechos fundamentales*: una perspectiva desde el derecho público común europeo. Madrid: Dikinson, 2008.

FERRIGOLO, N. M. S. *Liberdade de expressão*: direito na sociedade da informação: mídia, globalização e regulação. São Paulo: Pillares, 2005.

FENWICK, H.; PHILLIPSON, G. *Media Freedom under the Human Rights Act*. New York: Oxford, 2006.

FIORILLO, C. A. P. *O Direito de Antena em face do Direito Ambiental no Brasil*. São Paulo: Saraiva, 2000.

FISS, O. M. *The Irony of Speech*. Boston: Havard University Press, 1996. *E-book*.

FRAGUAS, A. M. *El derecho de acceso a la radiotelevisión pública (el acceso del art. 20.3 de la constitución española)*. Madrid: Dykinson, 2007.

FREGE, G. *Conceitografia*: uma linguagem formular do pensamento puro decalcada sobre a da aritmética. São Paulo: Editora da Universidade de São Paulo, 2009.

FREGE, G. *Lógica e filosofia da linguagem*. Seleção, introdução, tradução e notas de P. Alcoforado. São Paulo: Edusp, 2009.

FREGE, G. *Os fundamentos da aritmética*: uma investigação lógico-matemática sobre o conceito de número. Rio de Janeiro: PPGFIL-UFRRJ, 2018.

FUENTE, O. P. *Pluralismo cultural y derechos de las minorías*. Madrid: Dykinson, 2005. (Colección Derechos Humanos y Filosofía del Derecho).

GARCÍA, J. A. R. *El control de los medios de comunicación*. Madrid: Dykinson, 1998.

GARRIGA-NOGUÉS, R. G. *La censura*: función política y ordenamiento jurídico bajo el franquismo (1936-1975). Barcelona: Ediciones 62, 1980.

GILMAR Mendes sugere órgão de fiscalização para *fake news*. *Agência Brasil*, 15 jun. 2020. Disponível em: https://x.gd/X0Aee. Acesso em: 2 jan. 2024

GOÑI, L. G. *Derecho de rectificación y libertad de información (contenidos constitucionales, substantivos y procesal de la LO 2/84 de 26 de marzo)*. Barcelona: J. M. Bosch Editor, 2003.

GONZÁLEZ, M. A. C. (coord.). *Evolución teconológica y cibermedios*. Zamora: Comunicación Social Ediciones y Publicaciones, 2010.

GOYA, E. D. *Medios de comunicación masiva*. México: Red Tercer Milenio, 2012.

GUANTER, J. M. D. *et al*. *Derecho de la Información*: los mensajes informativos. Madrid: Colex, 1994. v. II.

GUANTER, J. M. D. *et al*. *Fundamentos del Derecho de la Información*. Madrid: Confederación Española de Cajas de Ahorros, 1977.

GUANTER, J. M. D. *et al*. *Teoría y régimen jurídico de la documentación*. Madrid: Eudema, 1987.

GUILHERME NETO, F. *Direito da Comunicação Social*. São Paulo: Revista dos Tribunais, 2004.

HÄBERLE, P.; ARROYO, C. L. *La libertad fundamental en el estado constitucional*. Tradução: J. Saligmann y C. Landa. Lima: Fondo Editorial PUCP, 1997.

HÄBERLE, P.; ARROYO, C. L. *Pluralismo y constitución*: estudios de teoría constitucional de la sociedad abierta. Traducción: E. Mikunda-Franco. Madrid: Tecnos, 2002.

HABERMAS, J. *A ética da discussão e a questão da verdade*. Tradução: M. Brandão Cipolla. São Paulo: Martins Fontes, 2004a.

HABERMAS, J. *A inclusão do outro*: estudos de teoria política. Tradução: G. Sperber. 2. ed. São Paulo: Loyola, 2004b.

HABERMAS, J. *Historia y crítica de la opinión pública.* La transformación estructural de la vida pública. Traducción: A. Doménech y R. Grasa. Barcelona: Gustavo Gili, 1982.

HABERMAS, J. *Structural Transformation of the Public Sphere*. Seattle: Spark, 2014. *E-book*.

HABERMAS, J. *Teoría de la acción comunicativa*. Traducción: M. J. Redondo. Madrid: Taurus, 1998. v. I: Racionalidad de la acción y racionalización social.

HABERMAS, J. *Teoría de la acción comunicativa*. Traducción: M. J. Redondo. Madrid: Santillana, 1992. v. II: Crítica de la razón funcionalista.

HERN, A. Revealed catastrophic effects of working as a Facebook moderator. *The Guardian*, [*S. l.*], 17 Sept. 2019. https://x.gd/RlG1Y. Acesso em: 2 jan. 2024.

IDEIA. *In:* DICIONÁRIO online de português. [*S. l.*]: [*s. n.*], [2024]. Disponível em: https://x.gd/K0HsO. Acesso em: 15 jan. 2024.

JAKOBSON, R. *Lingüística e comunicação.* Tradução: I. Blikstein e J. P. Paes. São Paulo: Cultrix, 2007.

KANT, I. *A paz perpétua*. Um projecto filosófico. Tradução: A. Morão. Covilhã: LusoSofia, 2008.

KANT, I. *Crítica de la razón práctica.* Traducción: V. Rohden. Buenos Aires: Losada, 2003.

KANT, I. *Crítica de la razón pura.* Traducción: P. Ribas. Madrid: Taurus, 2005.

KANT, I. *Fundamentação da metafísica dos costumes*. Tradução: P. Quintela. Lisboa: Edições 70, 2007. (Coleção 70 Textos Filosóficos, v. 7).

KANT, I. *Textos seletos*. Tradução: R. Vier e F. de Sousa Fernandes. Petrópolis: Vozes, 1985.

KÖSTER, C. R, KÖSTER, P. R. *Democracia, información y* mercado: propuestas para democratizar el control de la realidad. Madrid: Tecnos, 2002.

LASSWELL, H. D. *Propaganda Technique in the World War*. London: Kengan Paul, Trench, Trubner & Co, Ltd., 1927.

LEYES que nos regulan. *RTVE*, Barcelona, [2024]. Disponível em: https://x.gd/Toz1J. Acesso em: 24 mar. 2024.

LOPES, V. M. O. N. *O direito* **à** *informação e as concessões de rádio e televisão*. São Paulo: Revista dos Tribunais, 1997.

LÓPEZ, M. A. T., MORENILLA, J. M. S.; OLIVA, M. J. R. *Elementos para el estudio del derecho de la comunicación*. Madrid: Tecnos, 2014.

LLOVET, E. G. *El régimen jurídico de la radiodifusión*. Traducción: A. López. Pina. Madrid: Marcial Pons, 1991.

LOMBARTE, A. R. La garantía del pluralismo informativo en Francia. El Conseil Supérieur de L'Audiovisuel. *Revista Española de Derecho Constitucional,* Madrid, n. 59, p. 93-138, 2000.

LOMBARTE, A. R. *Pluralismo informativo y constitución.* Valencia: Tirant, 2000.

LUHMANN, N. *El derecho de la sociedad.* Traducción: J. N. Torres. México: Universidad Iberoamericana, 2002.

LUHMANN, N. *Sistemas sociales*: lineamientos para una teoría general. Traducción: S. Pappe y B. Erker. Barcelona: Anthropos Editorial, 1998.

LUÑO, A. E. P. *Derechos humanos, estado de derecho y constitución.* 2. ed. Madrid: Tecnos, 1986.

LUÑO, A. E. P. *Los derechos fundamentales.* 9. ed. Madrid: Tecnos, 2007.

MALLEN, I. B.; ALFONSO, L. C.; COUSIDO GONZÁLEZ, M. P. *Derecho de la información.* Madrid: Colex, 1992. v. 1: Sujetos y medios.

MANDAVILLI, A. 239 Experts With One Big Claim: The Coronavirus Is Airborne. *The New York Times,* New York, 4 Jul. 2020. Disponível em: https://x.gd/d8w5Q. Acesso em: 2 jan. 2024.

MARCONDES, D. *A pragmática na filosofia contemporânea.* Rio de Janeiro: Jorge Zahar Editor, 2005. *E-book.*

MARCONDES, D. *Iniciação à história da filosofia*: dos pré-socráticos a Wittgenstein. 10. ed. Rio de Janeiro: Jorge Zahar Editor, 2006.

MAS, J. T. (coord.). *Autoridades de regulación de lo audiovisual.* Madrid: Marcial Pons, 1999.

MAS, J. T. (coord.). *Democracia y medios de comunicación.* Valencia: Tirant lo Blanch, 2002. (Colección Novedades de Derecho Público, v. 2).

MATTELART, A. *Historia de la sociedad de la información.* Barcelona: Ediciones Paidós Ibérica, 2002.

MENÉNDEZ, I. V. *Estado Democrático e información*: el derecho a ser informado y la Constitución española de 1978. Oviedo: Junta General del Principado de Asturias, 1994.

MÉXICO. Suprema Corte de Justicia de la Nación. *Amparo direto 8/2012.* Arrendadora Ocean Mexicana, S.A. y otros, 2012. Disponível em: https://x.gd/89sxS. Acesso em: 15 jan. 2024.

MIGUENS, S. *Filosofia da linguagem*: uma introdução. Porto: Faculdade de Letras da Universidade de Porto, 2007.

MIR, J. B. I. *Democracia y audiovisual*: fundamentos normativos para una reforma del régimen español. Madrid: Marcial Pons, 2006.

MIRANDA, J., MEDEIROS, R. *Constituição portuguesa anotada.* Coimbra: Coimbra Editora, 2005. t. I.

MILTON, J. *Areopagitica*: um discurso pela liberdade de impressão não licenciada ao Parlamento da Inglaterra. Tradução: C. Todo. Rio de Janeiro: Topbooks Editora, 2004. *E-book.*

MORAIS, F. *Chatô*: o rei do Brasil, a vida de Assis Chateaubriand, um dos brasileiros mais poderosos do século XX. São Paulo: Companhia das Letras, 1994.

MORAL, A. T. (dir.). *Estado de derecho y democracia de partidos*. Madrid: Servicio de Publicaciones de la Facultad de Derecho de la Universidad Complutense, 2004.

MORAL, A. T. *Libertades informativas*. Madrid: Colex, 2009.

MORATÓ, J. R. *Democracia y posmodernidad*: teoría general de la información y comunicación política. Madrid: Complutense, 1996.

MORENILLA, J. M. S. *Derecho público de los medios audiovisuales*: radiodifusión y televisión. Albolote: Comares, 1999.

MORRI, C. *Fundamentos de la teoría de los signos*. Barcelona: Paidós, 1985.

NESPRAL, B. *Derecho de la información*: periodismo, deberes y responsabilidades. Buenos Aires: B de F, 1999.

NEW HAMPSHIRE. *Supreme Court. Chaplinsky* v. *New Hampshire*, 1941. Disponível em: https://x.gd/4X4iq. Acesso em: 15 jan. 2024.

NOTÍCIA. *In:* MICHAELIS. *Pequeno dicionário da língua portuguesa*. São Paulo: Companhia Melhoramentos, 1998.

OEA. *Censura previa*, [*S. l.*], [1996]. Disponível em: https://x.gd/tRmYI. Acesso em: 15 jan. 2024.

OEA. *Declaração conjunta sobre liberdade de expressão e* internet, [*S. l.*], 2011. Disponível em: https://www.oas.org/pt/cidh/expressao/showarticle.asp?artID=849&lID=4. Acesso em: 15 jan. 2024.

OFCOM. *The Ofcom Broadcasting Code (with the Cross-promotion Code and the On Demand Programme Service Rules)*, [*S. l.*], 31 Dec. 2020. Disponível em: https://x.gd/Rb6l6. Acesso em: 15 jan. 2024.

OLIVEIRA, F. Parler: rede social adotada por Bolsonaro facilita circulação de *fake news*. *Tilt Uol*, [*S. l.*], 13 jul. 2020. Disponível em: https://www.uol.com.br/tilt/noticias/redacao/2020/07/13/parler-rede-social-adotada-por-bolsonaro-deixa-espaco-para-desinformacao.htm. Acesso em: 15 jan. 2024.

OTERO, J. M. (dir.). *Libertad de expresión y democracia desde una perspectiva latinoamericana*. Buenos Aires: FJD, 2002.

PACTO Internacional dos Direitos Civis e Políticos (1966). [*S. l.*], 1966. Disponível em: https://x.gd/weyCa. Acesso em: 2 mar. 2024.

PARA frear *fake news*, WhatsApp limita envios a um contato por vez. *Veja*, São Paulo, 7 abr. 2020. Disponível em: https://x.gd/Hesqd. Acesso em: 12 jan. 2024.

PARDO, J. E. *Régimen jurídico-administrativo de la televisión*. Alcalá de Henares: Instituto Nacional de Administración Pública, 1984.

PEDRO, L. V. Redigir uma notícia. *Jornal de Notícias*, [*S. l.*], 18 jan. 2015. Disponível em: https://x.gd/6dtc2. Acesso em: 7 mar. 2024.

PECES-BARBA, G., ASIS ROIG, R.; BARRANCO, M. C. *Lecciones de derechos fundamentales*. Madrid: Dykinson, 2004.

PETTIT, P. *Republicanism*. A Theory of Freedom and Government. Oxford: Oxford University Press, 2002.

PÉREZ, R. M.; SAURA, L. B. *Los retos de las televisiones públicas*: financiación, servicio público y libre mercado. Sevilla: Comunicación Social, Ediciones y Publicaciones, 2009.

PIMENTA, T. Baleia Azul: o jogo perigoso que tem levado jovens ao suicídio. In: VITTUDE. *Vittude*, [*S. l.*], 12 maio 2019. Disponível em: https://x.gd/H8hwi e https://x.gd/iHnJx. Acesso em: 15 jan. 2024).

PINHO, J. B. *Jornalismo na* internet: planejamento e produção da informação *online*. São Paulo: Summus, 2003.

PIZARRO, R. D. *Responsabilidad civil de los medios masivos de comunicación*: daños por noticias inexactas o agraviantes. 2. ed. Buenos Aires: Hammurabi SRL, 1999. (Colección Responsabilidad Civil, v. 8).

POCH, M. P. (coord.). *Principios de derecho de la sociedad de la información*. Madrid: Aranzadi, 2010.

PODESTÁ, F. H. *Interesses difusos, qualidade da comunicação e controle judicial*. São Paulo: Revista dos Tribunais, 2002. (Biblioteca de Direito do Consumidor, v. 19).

POR DECISÃO do STF, Twitter e Facebook apagam contas de aliados de Bolsonaro. *ConJur*, [*S. l.*], 24 jul. 2024. Disponível em: https://x.gd/u97mC. Acesso em: 15 jan. 2024.

PORTUGAL. [Constituição (1975)]. *Constituição da República Portuguesa*. Lisboa: Presidência da República, [2004]. Disponível em: https://x.gd/rkjVP. Acesso em: 15 jan. 2024.

PORTUGAL. Estatuto do Jornalista - Artigo 14.º. *Diário da República*: Série I-A, Lisboa, n. 10, 13 jan. 1999. Disponível em: https://x.gd/DYdsr. Acesso em: 24 mar. 2024.

PORTUGAL. Ministério Público. Procuradoria-Geral Distrital de Lisboa. Lei da Televisão nº 27/2007. Aprova a Lei da Televisão, que regula o acesso à actividade de televisão e o seu exercício. *PGDL*: Lisboa, 2007. Disponível em: https://x.gd/fJZSs. Acesso em: 2 jan. 2024

POOL, I. S. *Technologies of Freedom*: On Free Speech in an Electronic Age. Cambridge: Harvard University Press, 1983.

POPPER, K. *Conhecimento objetivo*: uma abordagem evolucionária. Tradução: M. Amado. São Paulo: Edusp, 1975.

RAWLS, J. *Teoría de la Justicia*. Traducción: M. D. González. México: Fondo de Cultura Económica, 2006.

RAMÍREZ, P. A. *El derecho a la información en Chile*: análisis de la Ley nº 19.733 sobre libertades de opinión e información y ejercicio del periodismo (ley de prensa). Santiago: LexisNexis, 2005.

REINA, E. G. (coord.). *Derecho de la comunicación*. Madrid: Iustel, 2013.

ROCA, G. E. (coord.). *El derecho de la televisión*: situación y perspectivas en la comunidad de Madrid. Madrid: Dykinson, 2004.

ROSSELL, J. *Confesiones religiosas y medios de comunicación*. Cáceres: Servicio de Publicaciones de la Universidad de Extremadura, 2001.

RUANE, K. A. *Fairness Doctrine*: History and Constitutional Issues. Washington, D. C.: Congressional Research Service, 2011. *E-book*.

RUDDY, J. Senado aprova projeto de combate a notícias falsas; texto vai à Câmara. *Senado Notícias*, 30 jun. 2020. Disponível em: https://x.gd/Lgq0j. Acesso em: 13 jan. 2024.

RUSSEL, B. *The Philososphy of Logical Atomism*. London: Routledge, 2010.

SABAU, J. R. P. *Libertad de expresión y derecho de acceso a los medios de comunicación*. Madrid: CEPC, 2002.

SAMPAIO, E. A virada linguística e os dados imediatos da consciência. *Trans/Form/Ação*, [*S. l.*], v. 40, n. 2, abr. jun. 2017.

SANDOVAL, P. X. Cresce o boicote de grandes anunciantes contra o Facebook apesar da reação de Zuckerberg. *El País*, Madrid, 20 jun. 2020. Disponível em: https://x.gd/FHKHf. Acesso em: 3 mar. 2024.

SÁNCHEZ-BEATO, E. J. *Manual de derecho de la información*. Madrid: Universidad Europea Miguel de Cervantes, 2013.

SANTEE, N.; TEMERA, A. C. A linguística de Roman Jakobson: contribuições para o estudo da comunicação. *Unopar Científica Ciências Humanas e da Educação*, Londrina, v. 12, n. 1, p. 73-82, jun. 2011.

SARLET, I. W. (org.). *Direitos fundamentais, informática e comunicação*: algumas aproximações. Porto Alegre: Livraria do Advogado, 2007.

SEARLE, J. *Actos de habla*. Traducción: L. M. Valdés. Barcelona: Planeta; De Agostini, 1994.

SERNA, L. E. *Derecho de la información*. 3. ed. Madrid: Dikinson, 2004.

SODRÉ, M.; FERRARI, M. H. *Técnica de reportagem*: notas sobre a narrativa jornalística. São Paulo: Summus, 1986.

STUART MILL, J. *Sobre a liberdade*. São Paulo: Nova Fronteira, 2011. (Coleção Clássicos para Todos). *E-book*.

SUNSTEIN, C. *Democracy and the Problem of Free Speech*. New York: Simon & Schuster, Inc., 1993. *E-book*.

TEDH. *Caso Lingens* v. *Austria*, 8 jul. 1986. Disponível em: https://x.gd/yvGVb. Acesso em: 12 jan. 2024.

TEDH. *Caso Hannover* v. *Germany* (nº 2), 7 fev. 2012a. Disponível em: https://x.gd/cTquR. Acesso em:2 mar. 2024.

TEDH. *Caso Mouvement Raëlien Suisse* v. *Switzerland*, 13 jul. 2012b. Disponível em: https://x.gd/NMNlH. Acesso em:2 mar. 2024.

TITHERADGE, N. OnlyFans: How it handles illegal sex videos. *BBC News*, London, 19 Aug. 2021. Disponível em: https://x.gd/tqVoM. Acesso em: 3 mar. 2024.

TRIBUNAL EUROPEU DOS DIREITOS DO HOMEM. *Convenção Europeia dos Direitos do Homem*. [*S. l.*]: Tribunal Europeu dos Direitos do Homem, [1950]. Disponível em: https://x.gd/CMfxm. Acesso em: 15 jan. 2024).

ULLASTRES, J. A. G.; FERNÁNDEZ, J. E. C.; RUIZ, C. N. *La influencia de la publicidad en el consumo de cerveza*. Madrid: UNED, 2006.

USERA, R. C.; MUÑOZ, J. R. A. (coord.). *Jurisdicción de la libertad en Europa e Iberoamérica*. Madrid: Editorial Reus, 2014.

UCHINAKA, F. No limite: Facebook abre as portas da moderação de conteúdo para mostrar quem decide o que é certo ou errado na rede. *Uol Tilt*, Barcelona, 7 jul. 2019. Disponível em: https://x.gd/TPqbL. Acesso em: 03 mar. 2024.

UK. Parliament. 8 *Role of the regulator*, [*S. l.*], [2021]. Disponível em: https://x.gd/4Pl8h. Acesso em: 24 mar. 2024.

UN. *Universal Declaration of Human Rights* – Portuguese. [Geneva]: UN, [2024]. Disponível em: https://x.gd/in2qe. Acesso em: 15 jan. 2024.

US. Supreme Court. *New York Times Co. v. Sullivan, 376 U.S. 254 (1964)*. Disponível em: https://x.gd/lk4dW. Acesso em: 10 jan. 2024.

US. Supreme Court. *R.A.V.* v. *City of St. Paul, 505 U.S. 377 (1992)*. Disponível em: https://x.gd/KUgmq. Acesso em: 3 jan. 2024.

US. Supreme Court. *Reed v. Town of Gilbert, 576 U.S. 155 (2015)*. Disponível em: https://x.gd/Be8fB. Acesso em: 3 jan. 2024.

U.S. Supreme Court. *Abrams v. United States, 250 U.S. 616 (1919)*. Disponível em: https://x.gd/Nlk7A. Acesso em: 15 jan. 2024.

VENTURA, A. *Poder y opinión pública*. Santa Fe: Rubinzal-Culzoni, 2004.

VIBES, F. P. (dir.) *et al. Derecho del entretenimiento*. Buenos Aires: Ad-Hoc, 2006.

VYGOTSKY, L. *Pensamento e Linguagem*. 3. ed. Tradução: J. L. Camargo. São Paulo: Martins Fontes, 1991.

VILLAAMIL, O. A. (coord.). *Comentarios a la Constitución española de 1978*. Madrid: Edersa, 1996.

VILLANUEVA, E. *Derecho de la Información*. México: Miguel Ángelo Porrúa, 2006.

VILLAR, A. V. C. *Curso de derecho de la comunicación social*. Valencia: Tirant lo Blanch, 2005.

WEBER, M. *A ética protestante e o espírito do capitalismo*. 13. ed. Tradução: J. M. Macedo. São Paulo: Pioneira, 1999.

WILLIAMS, J. M. La prensa en el marco de las leyes. *Revista Cuadernos de Información*, Santiago, n. 4-5, p. 177-194, 1988.

WILLIAMS, R. (ed.). *Historia de la comunicación*: del lenguaje a la escritura. Traducción: D. Laks. Barcelona: Bosch, 1992a. v. 1.

WILLIAMS, R. *Historia de la comunicación*: de la imprenta a nuestros días. Traducción: D. Laks. Barcelona: Bosch, 1992b. v. 2.

WITTGENSTEIN, L. *Investigações filosóficas*. Tradução: E. C. Leão. São Paulo: Edusp, 1968.

WITTGENSTEIN, L. *Tratactus logico-philosophicus*. Tradução: J. A. Giannotti. São Paulo: Edusp, 1968.

ZAFFORE, J. J. *Mass media*: Derecho y poder: ideología o conocimiento. Rosario: Nova Tesis Editorial Jurídica, 2007.

ZISMAN, C. R. *A liberdade de expressão na Constituição Federal e suas limitações*: os limites dos limites. São Paulo: Livraria Paulista, 2003.

Esta obra foi composta em fonte Palatino Linotype, corpo 10
e impressa em papel Pólen Bold 70g (miolo) e Supremo 250g
(capa) pela formato Artes Gráficas.